'My friend,
CREATIVITY!'

Do you see him?
My friend, CREATIVITY!

지은이 | 여훈

1판 1쇄 발행일 | 2010년 4월 20일
1판 4쇄 발행일 | 2013년 3월 15일

발행인 | 이종록
기획편집 | 박선정
경영지원 | 이지혜
기획마케팅 | 백소영

디자인 | 엔드디자인
출력 | ING
용지 | 서진지업사
인쇄 | (주)신화프린팅코아퍼레이션
제본 | 천일제책사

발행처 | 스마트비즈니스
출판등록 | 2005년 6월 18일(제313-2005-00129호)
주소 | 서울시 마포구 성산동 293-1 201호
전화 | 02)336-1254
팩스 | 02)336-1257
이메일 | smartbiz@sbpub.net

ISBN 978-89-92124-71-3 03320

* 값은 뒤표지에 있습니다.
* 잘못 만들어진 책은 바꿔 드립니다.

DO YOU SEE HIM?

'My friend, CREATIVITY!'

여훈 지음

everybody trusts a healthy smile

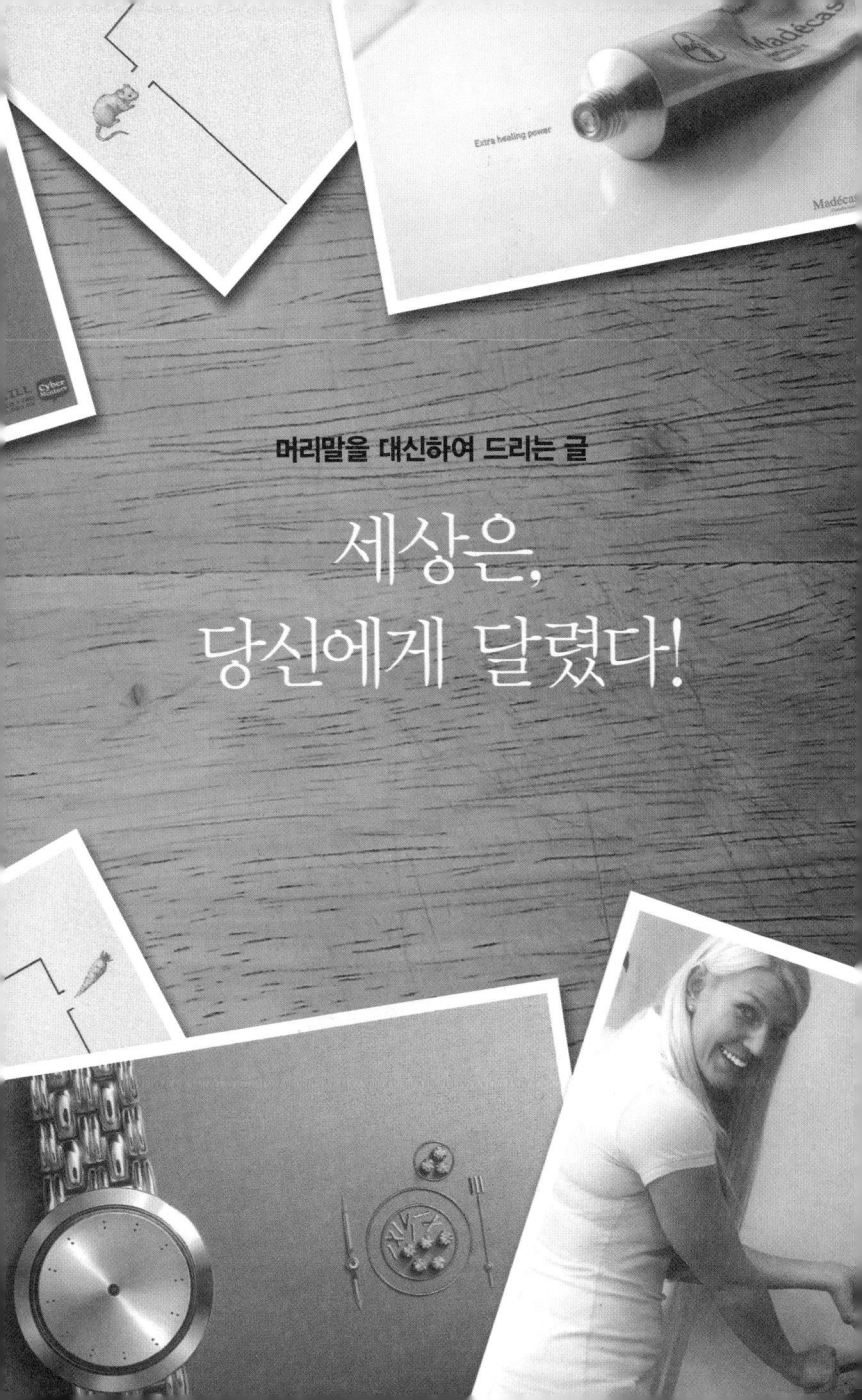

머리말을 대신하여 드리는 글

세상은, 당신에게 달렸다!

"웃음"
The Power of Smile

현상수배자들에게……

눈을 피하거나
고개를 숙이거나
모자를 눌러 쓰지 말고
사람들을 향해 먼저 활짝 웃어라.

처음엔 어색해도
곧 당신을 따라 웃을 것이다.
그들은 경계와 빗장을 풀 것이다.

그렇게 당신은 의심받지 않고
영원히 숨어살 수 있을 것이다.

그러다
당신은 웃음이 헤퍼지고
사람들과 가까워지고
하루하루가 즐거워질 때쯤
이렇게 생각할지도 모른다.

'그래, 자수하자!'

Time and life. If you don't have th
you don't have the

"시간"
재료는 같다. 결과가 다를 뿐

수천만 원짜리 롤렉스와
길거리 만 원짜리 시계는
평등하다.

1시간 60분,
1일 24시간,
1년 365일,
시간의 재료는 누구나 같다.
단지 시간의 결과가 다를 뿐.

성공을 만들지, 실패를 만들지
단맛일지, 쓴맛일지
박수를 받을지, 외면을 받을지.

모든 것은 시간을 요리하는
쉐프에게 달렸다.

당신에게 달렸다.

"약"
최고의 치료제는 당신이 갖고 있다

이겨낼 것이라는 항생제,
나아질 것이라는 비타민,
극복할 것이라는 항암제,
좋아지고 있다는 진통제,
할 수 있다는 치료제.

인류가 개발한 최고의 약은
당신 스스로가 만들어낸
믿음과 희망이다.

약은 약사에게,
진료는 의사에게,
결과는 당신에게,

달.렸.다.

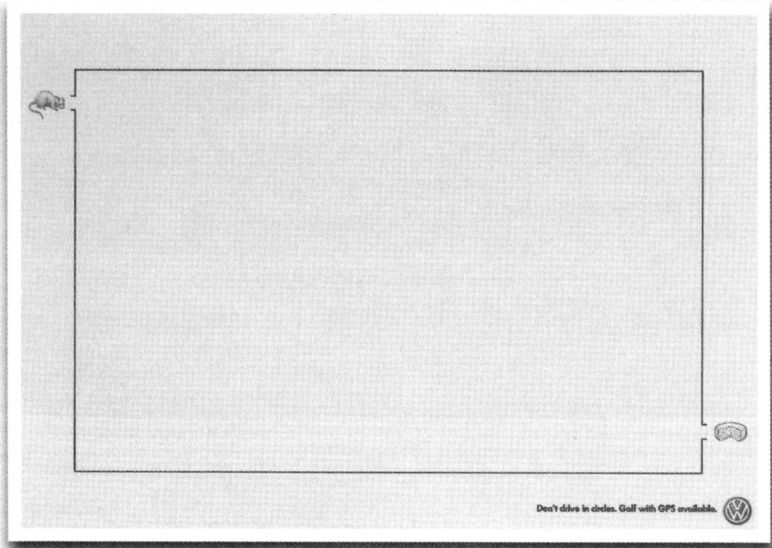
Don't drive in circles. Golf with GPS available.

Don't drive in circles. Golf with GPS available.

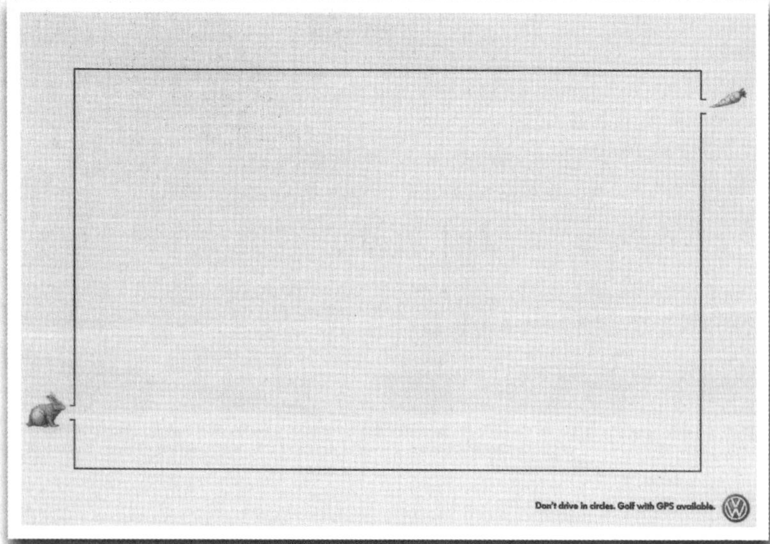

"길"
미로迷路와 미로美路의 차이

학력, 때문에
나이, 때문에
배경, 때문에
제도, 때문에
관습, 때문에
현실, 때문에
스스로 만든 벽들로
복잡하고 어려워 보이는 길,
미로迷路.

학력, 무시!
나이, 통과!
배경, 패스!
제도, 됐고!
관습, 경멸!
현실, 몰라!
스스로 부셔버린 벽들로
거침없고 아름다운 길,
미로美路.

당신 앞의 길은 迷路인가, 美路인가?

"말"
**말에 베인 상처만큼
깊고 오래가는 것은 없다**

총.
칼.
독.
병.
암.
그리고
말.

사람을 죽게 하는 것들은
대부분 한 단어로 이루어져 있다.

흉기를 든 사람만이
사람을 죽이는 것은 아니다.

당신도 충분히 그럴 수 있다.

CONTENTS

1 PRIDE
Do you see him?

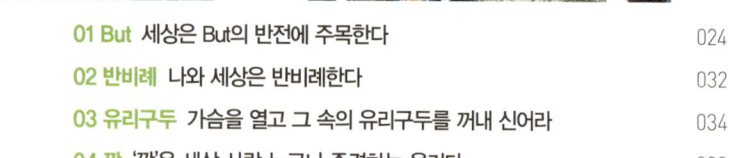

01 But 세상은 But의 반전에 주목한다	024
02 반비례 나와 세상은 반비례한다	032
03 유리구두 가슴을 열고 그 속의 유리구두를 꺼내 신어라	034
04 깡 '깡'은 세상 사람 누구나 존경하는 용기다	038
05 The One 열 같은 하나를 가져라	040

2 DREAM
Do you see him?

06 청춘 세월도 빼앗을 수 없는 젊음을 가져라 046
07 소명 우리는 태어날 때부터 꿈을 가졌다 050
08 이정표 희망이 보이면 주변은 보이지 않는다 052
09 환각 원한다는 것은 가능하다는 뜻이다 056
10 불꽃 지켜야 할 것이 있는 삶은 쉽게 꺼지지 않는다 060

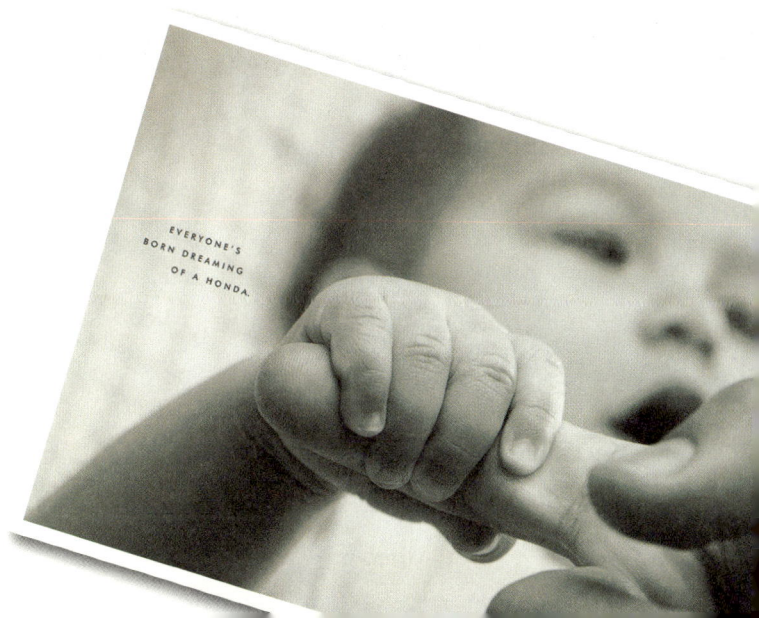

EVERYONE'S BORN DREAMING OF A HONDA.

3 LIFE
Do you see him?

11 방음창	'밖의 의견'보다 '안의 신념'이 필요하다	064
12 주연의식	조연배우도 무대를 내려오면 주인공이다	068
13 내 기준	인생의 치수는 사람마다 다르다	072
14 자기의식	'남'을 의식할수록 '나'는 의식을 잃는다	074
15 비상구	한걸음에 달려갈 비상구를 가졌는가?	078

4 HABIT
Do you see him?

16 Someday?	인생에 '언젠가'라는 날은 없다	084
17 방부제	기록되지 않은 기억은 유통기한이 짧다	092
18 이미지트레이닝	환경과 조건은 문제가 되지 않는다	096
19 말줄임표	말 잘하는 사람은 말을 아낀다	100
20 습관	사람은 습관으로 이루어져 있다	104

5 STRATEGY
Do you see him?

21 노화방지 철든 사람은 철없는 사람을 위해 일한다　　　　　　　110
22 잠복기 키 크는 시간은 눈에 띄지 않는다　　　　　　　　　　112
23 길 길을 묻지 말고, 길을 찾아라　　　　　　　　　　　　　　116
24 블루오션 성공의 크기는 상대에 달렸다. 자신과 싸우는 큰 싸움을 해라　120
25 가능성 하면 된다? 되면 하라!　　　　　　　　　　　　　　124

6 HUMAN
Do you see him?

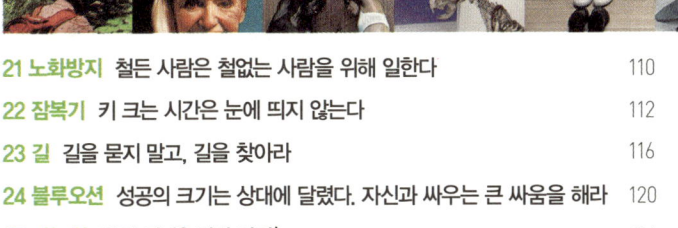

26 이중잣대 사람은 어느 쪽에서 바라보느냐에 달렸다　　　　　130
27 옆 사람 Out of Mind, Out of Sight　　　　　　　　　　　　134
28 안전벨트 가족의 기능이 작동하지 않으면 작은 사고에도 치명상을 입는다　136
29 당근 미운 사람을 죽이는 방법　　　　　　　　　　　　　　140
30 셀프서비스 의미 없는 시간은 없다　　　　　　　　　　　　　144

7 ATTITUDE
Do you see him?

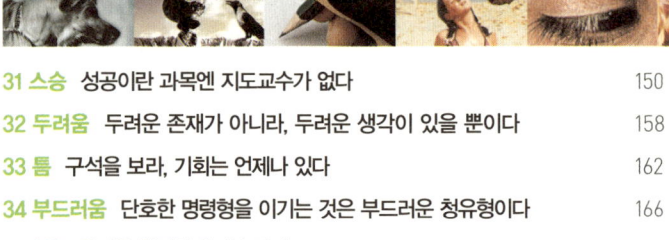

31 **스승** 성공이란 과목엔 지도교수가 없다   150

32 **두려움** 두려운 존재가 아니라, 두려운 생각이 있을 뿐이다   158

33 **틈** 구석을 보라, 기회는 언제나 있다   162

34 **부드러움** 단호한 명령형을 이기는 것은 부드러운 청유형이다   166

35 **본능** 욕망을 현명하게 해소하라   170

8 IDEA
Do you see him?

36 **유레카!** 아이디어는 이미 있다   176

37 **지우개** 아이디어는 더하기가 아니라 빼기다   180

38 **재구성** 맨땅에 헤딩하지 마라   182

39 **남의 신발** 역지사지의 열매는 새롭고 신선하다   186

40 **고독** 아이디어는 혼자 있는 사람에게 찾아온다   188

9 BOOK
Do you see him?

41 Leader & Reader 책을 읽는다는 것, 어둑해진 전구를 새것으로 갈아 끼우는 일	192
42 지적소유권 지적소유권은 직접 소유하라	196
43 생각근육 날씬한 생각을 원하십니까?	198
44 책의 산 정보의 바다에 지식은 살지 않는다	200
45 고전 살아서 펄떡이는 오래된 미래	202

10 SUCCESS
Do you see him?

46 배후 시대의 아픔도 놓치지 않는 참된 성공	208
47 그늘 성공의 열매를 넘어 성공의 그늘을 만들라	210
48 캐주얼 성공이 입은 옷은 캐주얼이다	214
49 제물 Give and Take는 진리다	218
50 나눔 나누고 난 빈손엔 행복이 채워진다	220

01 But 세상은 But의 반전에 주목한다
02 반비례 나와 세상은 반비례한다
03 유리구두 가슴을 열고 그 속의 유리구두를 꺼내 신어라
04 깡 '깡'은 세상 사람 누구나 존경하는 용기다
05 The One 열 같은 하나를 가져라

Do you see him? **1**

'PRIDE'

01
But

세상은 But의 반전에 주목한다

My friend, CREATIVITY!

"작다. 그러나 강하다.
작은 것의 강함이기에
더욱 빛난다."

**마라톤 선수가 마라톤 풀코스를 완주하는 건 뉴스가 아니다.
슈퍼모델의 다이어트 성공은 뉴스가 아니다.
호나우도의 브라질이 월드컵 16강에 진출한 것은 뉴스가 아니다.**

하지만 자폐증 청년의 마라톤 완주는 뉴스다. 나잇살이 감춰지지 않는 두 아이의 엄마이며 평범한 마흔 살 아줌마가 몸짱으로 변신한 것은 분명한 뉴스다. 월드컵에서 단 한 번도 16강 진출을 못했던 한국이 4강에 올라간 것은 뉴스 중의 뉴스다. 고졸학력이 전부인 말단 사원 출신이 CEO가 되어야, 다윗이 골리앗을 이겨야 세상이 주목하는 뉴스가 되는 것이다.

"작지만 강하다!(Small But Tough!)"

세상은 항상 '그러나(But)'에 주목한다.

남보다 부족한 점이 있다는 사실이 삶을 힘들게 하기도 하지만, 어쩌면 크게 주목받을 수 있는 기회일 수도 있다. 세상의 이목을 크게 받고 많은 사람에게 힘과 용기를 줬던 이들은 재능 대신 열등감을 선물로 받은 사람들이었다.

콤플렉스나 자신의 결함에 'And'를 붙이고 굴복하면 평생을 따라다니는 열등감이 되지만, 'But'을 붙이고 끊임없이 저항하면 세상의 주목을 이끌어내는 빅뉴스가 된다. 평균 시청률을 훌쩍 뛰어넘는 감동의 드라마를 만들어내는 것이다.

My friend, CREATIVITY!

But이 만드는 인생의 반전,
그것이 진정한 인생역전이다.
단점 뒤에 But을 붙여라. 단점으로 역전하라!

01
The world takes notice of But.

Official fuel consumption in mpg (litres/100km) for the Polo range: urban 49.6 (5.7)-27.2 (10.4), extra urban 68.9 (4.1)-47.1 (6.0), combined 61.4 (4.6)-37.2 (7.6), CO₂ emissions 182-124g/km.

My friend, CREATIVITY!

"Its strength and toughness are very outstanding, it's because it's small."

tough. Polo.

The story of David and Goliath remains in our memories, it's because David defeated Goliath.

If Goliath the giant had defeated David, the story of David and Goliath would not have existed today.

Likewise, 'National representative run the whole marathon course.', 'Brazil advanced to the World cup finals.', 'Super model has a 34inch bust, 23inch waist and 35inch hip.' are not surprising news. People don't notice expectable things;

Topic news have had a reverse of But all the time.

He was an autistic and mentally retarded child. But He finished the marathon course.

She was a 40-year-old married woman with two children. But she made her body into a figure of Super Model.

Koreans wanted only one winning in the World cup finals and the goal was to make it to the second round. But the team advanced to the semi final and created the myth of semi final.

He has only a high school graduate certificate and no experience of studying abroad. He was an ordinary office worker. But He made it to CEO in a foreign-affiliated motor company.

There were reverses of But in all the noticeable news.

Complex or weakness makes your life difficult, but provides you the opportunity to be noticed.

If you change your thoughts and try to add 'But' behind your defect, you can create a popular touching drama.

The reverse of But, it is really a life reversion.

A good reverse drama by 'But', becomes a hero of the drama.

02 반비례

나와 세상은 반비례한다

"600킬로미터를 30시간 내에 완주해야 하는 이 경기에서
선수들은 한없이 크고 넓은 길을 보게 된다."

세상의 벽이 자꾸 높아진다고 말하지 마라.
내가 작아지는 것이다.
길이 점점 험해진다고 말하지 마라.
내가 약해지는 것이다.
세상이 변하는 것 같지만,
결국 내가 변하는 것일 뿐.

내가 커지면 세상은 다시 작아진다.
벽은 낮아지고 길은 편해질 것이다.
세상과 나는 반비례한다.

03
유리구두

가슴을 열고
그 속의 유리구두를 꺼내 신어라

My friend, CREATIVITY!

"키가 작아 주눅 드는가?
하이힐을 신고 보면
아무것도 아니다.
당신의 가슴속엔
자신감이라는 하이힐이 있다."

《스무 살이 넘어 다시 읽는 동화》를 쓴 웬디 패리스의 새로운 분석에 따르면, 신데렐라는 단순히 착하기만 한 여자이거나 미모로 신분상승을 이룬 운 좋은 여자가 아니다.

그녀는 자신감으로 똘똘 뭉친 당찬 여자였다. 아는 사람 하나 없는 낯선 파티장에 홀로 들어간 당당한 여자였으며, 자신과 신분이 다른 남자가 춤을 추자고 했을 때도 자격지심이 생기거나 움츠러들지 않고 당당히 응했다. 자정을 알리는 시계소리에 그녀는 남자의 팔에 매달려 "현실에서 날 좀 구해주세요."라고 애걸하지도 않았다. 남자가 자신을 진짜 좋아한다면 어떻게든 자신을 다시 찾아올 것이라고 확신했기 때문이다.

신데렐라는 마법의 유리구두를 선물받기 전부터 자신감이라는 유리구두를 이미 신고 있었다. 마법의 도움 없이도 신데렐라는 이미 성공할 운명이었다. 그녀의 운명을 바꿔놓은 것은 마법의 유리구두가 아니라 마음의 유리구두였던 셈이다.

미인은 아니지만 개성 넘치는 외모가 매력적으로 느껴지는 사람. 명품으로 온몸을 휘감지는 않았지만 늘 단아하고 흐트러짐이 없는 사람. 학력은 짧지만 해박한 상식과 넘치는 재치로 사람들을 모으는 사람. 따져 보면 딱히 잘난 것도 없는 것 같은데 이상하게 운이 좋고 매번 일이 잘 풀리는 사람. 이들은 모두 유리구두를 신고 있는 사람들이다.

가슴을 열어 유리구두를 꺼내 신고
세상을 향해 나서라.
사람들이 함부로 대하지 못할 것이다.
기회와 행운이 그 뒤를 따를 것이다.

04

깡

'깡'은 세상 사람
누구나 존경하는 용기다

for collaboration.

Test of English for International Communication TOEIC www.toeic.or.jp

"용기만 있다면 천적도 협력자로 바꿀 수 있다."

My friend, CREATIVITY!

실수하는 사람은 실수하지 않는 사람보다 빨리 배운다.
실수하는 사람은 실수하지 않는 사람보다 깊게 배운다.
실수하는 사람은 실수하지 않는 사람보다 쉽게 적응한다.
가장 큰 실수는 실수하기를 두려워하는 것이다.

실수를 아끼지 마라.
하나도 틀리지 않는 사람보다 각광받는 사람은
자신감 있게 틀리는 사람이다.
실수를 피하지 마라.
커뮤니케이션은 스킬이 아니라 용기다.

'깡'은 세계인 누구나 존경하는 용기다.

05
The One

열 같은 하나를 가져라

My friend, CREATIVITY!

"텅 빈 공구함. 하지만 걱정 없다. 이 칼 하나면 충분하다."

어릴 적, 열두 가지 색 크레파스를 쓰던 아이는
서른여섯 가지 색 크레파스를 쓰는 아이들이 늘 부러웠다.
하지만 열두 가지 색이든 서른여섯 가지 색이든
항상 닳아 없어지는 색은 똑같았고,
모두 다섯 가지 색이 채 안 되었다.
생각해보면 서른여섯 가지 색 크레파스는
화려해 보일 뿐 과시용에 지나지 않았다.
그리고 세월이 흘러 조금 더 자란 아이는 알게 되었다.
열두 가지 색을 섞으면
서른여섯 가지 이상의 색도 만들어낼 수 있음을.

누군가는 공구함에 가득 도구들을 채워 인생을 시작하지만, 누군가는 달랑 망치와 정만 갖고 인생을 시작한다. 하지만 훌륭하고 멋진 인생을 조각하기 위해서 반드시 많은 도구가 필요한 것은 아니다. 조각할 때 망치와 정만 있으면 충분하다. 오히려 도구가 많으면 손에 익기도 전에 자꾸 바꾸게 되고, 어떤 것을 써야 할지 망설이게 되는 경우가 생긴다.

삶의 도구가 풍족하지 않은 것에 낙담하지 말자. 우리보다 훨씬 부족한 도구를 가졌음에도 오로지 그것을 갈고 닦는 데 전념하여 훌륭하고 멋진 인생을 조각한 사람들이 많다.

단 하나의 재능을 가지고 태어난 사람이 수많은 재능을 가진 사람을 뛰어넘을 수 있는 것이 인생이다. 때론 재능을 가진 사람보다 열등감을 지닌 사람이 더 뛰어난 삶을 조각하는 것도 인생이다.

도구를 탓하지 말자. 결국 인생은 얼마나 많은 도구를 갖고 있느냐보다 한 가지 도구를 얼마나 능수능란하게 잘 쓸 수 있도록 단련하느냐에 달렸다. 누구에게나 도구 하나쯤은 있기 마련이다. 따라서 멋진 인생의 가능성은 누구에게나 열려 있다.

06 청춘 세월도 빼앗을 수 없는 젊음을 가져라
07 소명 우리는 태어날 때부터 꿈을 가졌다
08 이정표 희망이 보이면 주변은 보이지 않는다
09 환각 원한다는 것은 가능하다는 뜻이다
10 불꽃 지켜야 할 것이 있는 삶은 쉽게 꺼지지 않는다

Do you see him? **2**

'DREAM'

청춘

세월도 빼앗을 수 없는 젊음을 가져라

젊음을 유지한다는 것은
불룩 나온 아랫배에 쌓인 지방을 제거하는 것이 아니라,
이제 더 이상 새롭지도 놀랍지도 않은
마음에 쌓인 권태를 제거하는 것이다.

젊음을 유지한다는 것은
축 처진 볼 살과
더 이상 섹시해 보이지 않는 엉덩이를 치켜 올리는 것이 아니라,
삶의 무게에 구부정하게 굽어버린
지친 어깨를 치켜세우는 것이다.

젊음을 유지한다는 것은
이마와 눈가에 생긴 잔주름을 펴는 것이 아니라
적당히 타협하고 슬며시 포기하다 잊어버린,
젊은 날의 꿈을 다시 펴는 것이다.

My friend, CREATIVITY!

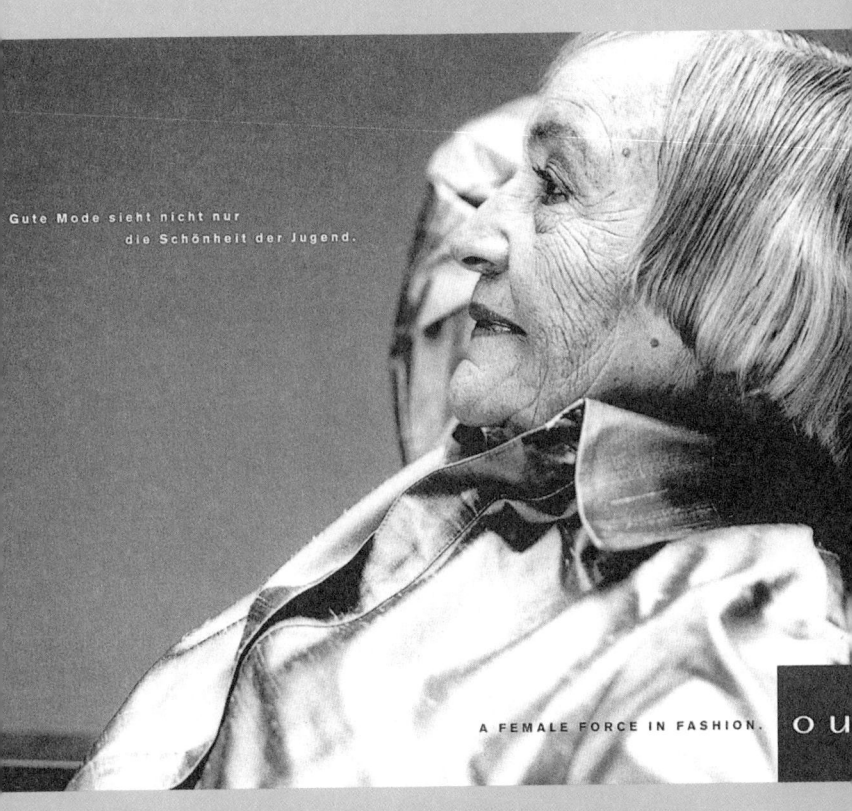

"진정한 패션은 젊음의 아름다움만 생각하지 않는다.
세월이 만든 아름다움도 표현할 수 있어야 진정한 패션이다."

그 누구도 세월을 이기지는 못한다. 꾸준하게 운동하고 관리해서 세월의 속도를 조금 늦출 수는 있어도, 수술로 지방을 빼내고 주름을 펴서 잠깐 동안 나이보다 젊게 연출할 수는 있어도, 결국 세월을 이길 수 있는 사람은 없다.

하지만 다른 의미에서 세월을 이기는 방법은 있다. 그것은 다름 아닌 세월이 빼앗을 수 없는 것을 가지는 것이다.

세월이 피부의 팽팽한 탄력을 빼앗을 수는 있어도, 오랜 경험에서 생긴 세상을 조율하는 유연한 탄력은 빼앗을 수 없다. 세월이 한 번 보면 뭐든지 쉽게 잊지 않았던 젊은 시절의 기억력을 빼앗을 수는 있어도, 오랜 습관이 만들어놓은 꼼꼼하고 철저한 기록력은 빼앗을 수 없다.

세월이 시대가 변해 더 이상 쓸모없게 된 낡은 지식을 빼앗을 수는 있어도, 온몸으로 체득한 삶의 지혜는 빼앗을 수 없다. 세월이 길 건너 작은 간판의 전화번호까지 보이던 두 눈의 시력을 빼앗을 수는 있어도, 한 번만 봐도 그가 어떤 사람인지 느껴지는 마음의 시력은 빼앗을 수 없다.

세상을 조율하는 유연함과 꼼꼼한 기록력, 지식을 넘어서는 지혜와 사람을 보는 깊은 심미안까지, 세월이 빼앗을 수 없는 것, 그것은 모두 밖에 있지 않고 안에 있다.

치고 올라오는 후배가 신경에 거슬리고, 나이가 걸려 어떤 일을 주저하고, "몇 년 만 더 젊었더라면"이라는 말을 습관처럼 하는 사람은 아래 사무엘 올만의 말을 경청하자.

"청춘이란 인생의 어느 기간을 말하는 것이 아니라 마음의 상태를 의미한다. 그것은 장밋빛 뺨과 앵두 같은 입술, 하늘거리는 자태가 아니라, 강인한 의지와 풍부한 상상력, 불타는 열정을 말한다. 청춘이란 깊은 샘물에서 오는 신선한 정신, 유약함을 물리치는 용기, 안위를 뿌리치는 모험을 뜻한다. 때로는 스무 살 청년보다 일흔 살 노인에게 청춘이 있다. 나이를 먹는다고 해서 늙는 것은 아니다. 이상을 잃어버릴 때 비로소 늙는 것이다."

진짜 젊음을 유지하기 위해 애써라. 세월도 빼앗을 수 없는 젊음을 가져라!

07
소명

**우 리 는 태 어 날 때 부 터
꿈 을 가 졌 다**

어쩌면 태어나기 전부터 신(神)은 각자의 가슴속에
서로 다른 꿈을 이미 심어놓았는지도 모른다.
다만 세상에 나오는 순간 그것을 잊어버렸을 뿐이다.
잊어버린 꿈을 찾아나서는 긴 여정,
그것이 바로 인생일지도 모른다.
따라서 각자의 꿈을 찾고 그것을 키우는 일은
선택사항이 아니라 반드시 해야 하는 소명이다.

그리고 신은 이따금씩
고난과 시련의 형태로 숙제검사를 하기도 한다.
가슴속에 꿈이 자라고 있다면 쉽게 극복할 것이고,
그렇지 않다면 힘없이 무너질 것이다.

My friend, CREATIVITY!

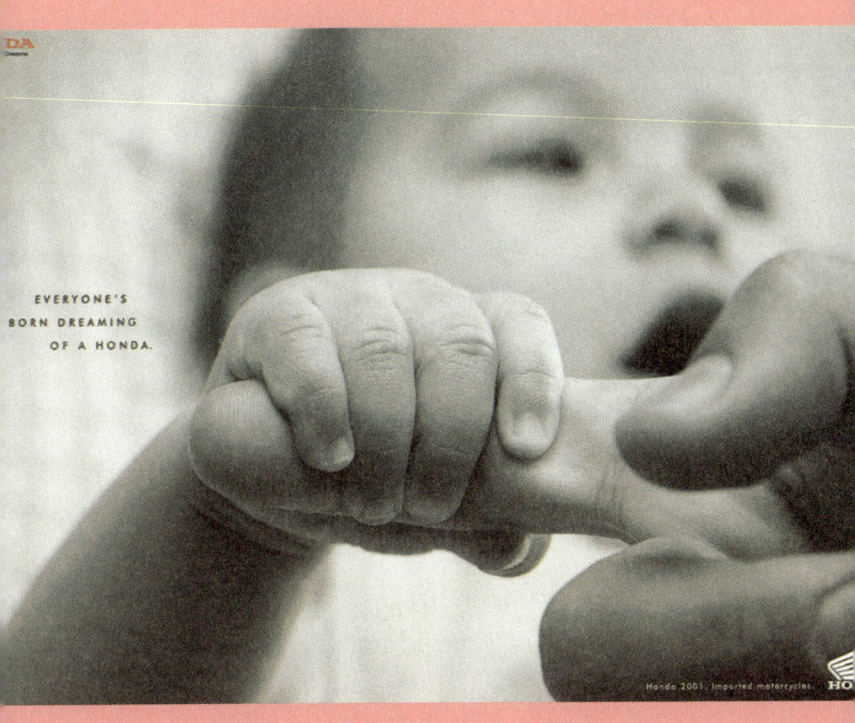

"이 아이는 태어날 때부터 모터사이클을 꿈꾸었다.
부르릉~부릉."

08
이정표

**희망이 보이면
주변은 보이지 않는다**

    런던의 한 병원에서는 희귀병으로 6개월 시한부 선고를 받은 두 명의 남자가 있었다. 나이와 건강상태 등 모든 것이 비슷한 조건이었다. 그런데 한 명은 의사의 얘기대로 6개월을 살았지만, 다른 한 명은 무려 3년이나 더 살았다.
    3년을 더 산 그 남자에겐 쌍둥이를 임신한 아내가 있었다.

    섭씨 30도가 넘는 폭염이었다. 담배를 피우기 위해 건물 1층 로비 밖으로 나왔다. 불을 깜박 잊었지만 마침 옆에서 담배를 피우고 있던 퀵서비스 직원에게 빌릴 수 있었다. 그 더위에 그는 긴 소매와 긴 바지 그리고 각종 보호장구로 온몸을 칭칭 감고 있었다. 헬멧에 눌려 있던 이마에선 연신 땀이 흘러내렸다. 측은한 생

"곧 주유소가 나올 거라는 희망이, 험하고 궂은 길을 잊게 한다."

각에 나는 그에게 한마디 던졌다.

"아저씨, 정말 덥겠네요! 이 더위에 그렇게 입으시고 어떻게 견뎌요. 건물 안으로 들어가서 땀이나 좀 식히고 가세요."

그러자 그는 대답 대신 웃옷 주머니에서 사진 한 장을 꺼내어 내게 보여주었다.

"저랑 똑같죠? 그런데 머린 나 안 닮았어. 네 살인데 벌써 한글 다 뗐다니까? 영재교육 같은 거 시키려면 돈 많이 들겠지? 그래도 시켜야지 뭐, 흐흐흐."

내게 하는 말인지 혼잣말인지, 그는 계속 중얼거리다가 호출음

My friend, CREATIVITY!

을 듣고는 재빨리 담배를 비벼 껐다. 급히 헬멧을 다시 쓰고 오토바이에 오른 그는 순식간에 내 시야에서 사라졌다. 눈앞에서 이글거리는, 뜨겁게 복사열을 토해내는 용광로 같은 도로가 그에게는 보이지 않는 것 같았다.

희망이 보이는 사람에게 주변은 보이지 않는다. 희망이 생기면 문제는 사라지기 시작한다. 사람을 앞으로 나아가게 하는 것은 언제나 좋은 환경보다는 간절한 희망이었다. 또, 그 희망을 묵묵히 따라가다 보면 어느 날 창밖의 풍경이 바뀌어 있음을 알게 된다.
미래는 지금 어떤 환경에서 살고 있느냐보다, 어떤 희망 속에서 살고 있느냐에 달려 있다.

남이 부러워할 만한 환경을 갖지 못했다면, 남이 부러워할 만한 희망을 가지면 되는 것이다.

09 환각

**원한다는 것은
가능하다는 뜻이다**

My friend, CREATIVITY!

"자신의 쇼를 상상하는
 미래의 패션 디자이너,
 하늘을 나는 꿈을 꾸는
 미래의 파일럿."

술에 취해서 보는 것은 '헛것'이지만
꿈에 취해 보이는 것은 '현실이 될 미래'다.
술에 취한 사람들이
꿈에 취한 사람들을 보고 안주 삼아 얘기한다.
"걔, 좀 이상하지 않냐?"
신경 끄자. '헛소리'다.

습관적으로 매일 먹거나 마시다보면, 그것 없이는 도저히 참을 수 없는 순간이 찾아온다. '중독(中毒)'되는 것이다. 중독의 상태가 오래 지속되다보면 현실에서 볼 수 없는 것들이 보이기 시작한다. 때로는 들을 수 없는 것이 들리고, 때로는 느낄 수 없는 것을 느끼는 증상이 생긴다.

약(藥)과 술(酒), 꿈(夢)은 모두 중독에 의한 기질적 정신병인 '환각(幻覺)'을 만들어낸다. 다른 점이 있다면, 약과 술에 취해서는 '헛것'을 보지만 꿈에 취해서는 '현실이 될 미래'를 본다는 것이다.

옆에 사람이 있건 없건 실성한 사람처럼 공원에서 홀로 외국어를 중얼거리는 사람, 밤 12시에 불 꺼진 학교 운동장을 하염없이 뛰는 사람, 그 높은 지하철 계단을 모래주머니까지 차고 오르는 사람, 밥 먹는 것도 잊고 연구에 몰두하는 사람, 하루 꼬박 10편씩의 영화를 보는 사람······.

이들은 모두 중독된 사람들이고,
환각 속에 사는 사람들이다.
자신의 미래를 미리 보는 사람들이다.
그렇게 '꿈★의 환각'은 이루어진다.

10
불꽃

**지켜야 할 것이 있는 삶은
쉽게 꺼지지 않는다**

그리스 헤라신전에서 채화된 성화(聖火)는 목적지에 도착해 올림픽이 막을 내리는 순간까지 단 한 번도 꺼지지 않는다. 꺼져서는 안 된다. 그 작은 불씨는 인류가 올림픽게임을 지속하는 이유이며 정신이다.

인생도 마찬가지다. 꺼뜨리지 말아야 할 성화와 같은 불씨가 있다면 삶은 쉽게 무너지지 않는다.

비바람 속에서도, 폭풍 속에서도 지켜야 할 불씨가 있다면 우리는 언제든지 다시 주위를 밝힐 수 있다.

가족에게서, 애인에게서, 꿈과 미래에서, 신(神)에게서……. 그 근원지가 어디든 간에 꺼뜨리지 말아야 할 불씨를 채화하라. 후회 없는 삶을 살기 위해서는 인생의 어느 순간에서도 목표와 지향점을 갖고 있어야 한다. 아무도 꺼뜨릴 수 없는 인생의 성화를 늘 밝히고 있어야 한다.

My friend, CREATIVITY!

"폭풍이 몰아치고 비바람이 불어도
새벽이 올 때까지 꺼지지 않을 단 하나의 불빛."

11 방음창 '밖의 의견'보다 '안의 신념'이 필요하다
12 주연의식 조연배우도 무대를 내려오면 주인공이다
13 내 기준 인생의 치수는 사람마다 다르다
14 자기의식 '남'을 의식할수록 '나'는 의식을 잃는다
15 비상구 한걸음에 달려갈 비상구를 가졌는가?

Do you see him? **3**

'LIFE'

11
방음창

'밖의 의견'보다
'안의 신념'이 필요하다

"우리 선수들에게 지역방어는 맞지 않는 옷이다. 히딩크는 다시 생각해봐야 한다."

"고개 숙인 히딩크, 고개 드는 교체론, 졸전에 졸전…… 대표팀 다시 풍랑 속으로."

"무지에서 비롯된 테스트를 즉각 중단하라. 히딩크는 한국 축구를 너무 모른다."

언제 그랬냐 싶지만, 어쨌든 2002년 월드컵이 몇 달 앞으로 다가왔을 때까지 우리는 이랬다. 언론과 전문가, 축구 팬들은 히딩크를 향해 쉬지 않고 비난의 화살을 쏘아 댔다. 이전에도 여러 감독들이 대표팀을 거쳐 갔고, 모두 언론의 평가에 일희일비하며

"방을 뚫는 굴삭기도, 요란한 잔디깎이도,
방음창을 설치하면 장난감 소리처럼 들린다."

때론 불만을 호소하고 때론 이런 저런 핑계를 둘러대다, 결국 뜻을 펼쳐보기도 전에 물러났다.

하지만 히딩크는 달랐다. 그 당시 인터뷰 기사를 보면 외부의 평가에 대한 그의 반응엔 일관성이 있었음을 알 수 있다. 그는 선수들 탓을 하거나 변명을 하거나 지원을 호소하지 않았다. 다만 나중에 평가해달라는 말을 반복할 뿐이었다.

애가 타는 건 언론이지 히딩크가 아니었다.

히딩크가 보여준 최고의 능력은 공격과 수비의 전략, 선수를 보는 안목, 팀을 운영하는 리더십이 아니라 외부의 소리에 일일

My friend, CREATIVITY!

이 대응하지 않고 자신에게 집중하는 능력이었다. 그가 대한민국 축구역사를 다시 쓰는 수장이 될 수 있었던 건, 뛰어난 전략전술 이전에 어떤 간섭과 참견에도 자신의 스타일을 바꾸지 않고 흔들리지 않았기 때문이다.

기본적인 의견 수렴이 끝났다면 창문을 닫아라. 사람들 말에 일일이 신경을 쓰거나 대응하지 마라. 남의 말을 듣다보면 갈 길을 잃어버리기 십상이다. 자신의 신념대로 밀고 나가야지만 비록 실패하더라도 그 실패로부터 배울 수 있다. 내 뜻대로 밀고 나가야 스스로 끝까지 책임질 수 있다.

외부의 소리에 귀 기울이는 것도 중요하지만, 요즘처럼 정보가 많고 빠른 세상에선 외부의 정보를 차단하고 자신의 목소리에 집중하는 능력이 더욱 필요하다.

귀가 얇은 사람은 성공이냐 실패냐의 결과가 판가름 나기 전에 스스로 무너질 확률이 높다.
세상의 '옳은 생각'보다 확실한 '나의 생각'이 더 중요하다. '밖의 의견'보다 '안의 신념'이 필요한 것이다.

12
주연의식

**조연배우도 무대를
내려오면 주인공이다**

어떤 일을 하건 어느 위치에 있건,
돈이 많건 적건, 남들로부터 인정을 받건 못 받건,
스스로 위축되거나 초라해 한다면
그것은 직무유기다.
주인공은 주인공다워야 하고
당신은 주인공이기 때문이다.

조연배우도 무대를 내려오면 자기 인생의 주인공이다.

My friend, CREATIVITY!

"인생에서 주인공이 아닌 사람은 없다."

대학로에 있는 친구를 찾아갔다. 배우가 된 지 벌써 10년이 다 됐지만, 그 친구는 아직 극에서 제대로 된 주연을 맡은 적이 없다. 나는 '오랜만에 초대장을 보내준 걸 보면 드디어 주연을 따냈나보군……'이라고 생각하며 극장 안으로 들어섰다. 그러나 이번에도 또, 조연이었다.

연극이 끝나고 친구와 소주잔을 기울이며 나는 내심 위로해준다는 생각으로 말했다.

"야, 힘내라. 곧 기회가 오겠지. 기죽지 말고……."

그러자 친구는 '뭔 소리냐?' 하는 표정으로 나를 바라보더니 이렇게 말했다.

"공연시간 한 시간 반 동안 만큼은 분명히 걔가 주인공이고 내가 조연이지. 근데, 지금은 아냐. 무대에서 내려오면 걔도 내 인생에 등장하는 조연들 중에 하나지. 너도 내 인생에 지금 친구로 출연하고 있잖아. 어때, 내 인생에 출연하는 시간 좀 늘려줄까? 기분이다. 2차 가자!"

그는 지금 이름만 대면 누구나 다 아는, 충무로에서 가장 바쁜 성격파 조연배우로 활동하고 있다.

My friend, CREATIVITY!

길에서 우연히 몇 년 만에 만난 동창이 나보다 더 잘 나간다고 씁쓸해 하거나 우울해 하지 말자. 자기인생을 사는 사람은 남과 비교하거나 남을 부러워하며 자신을 학대하지 않는다.

때로는 "세상은 나를 중심으로 돌아간다."며 허풍 같은 진실을 떠들어 댈지언정, 주인공은 결코 주눅 들거나 자신 없어 해서는 안 된다.

톨스토이는 "모든 사람은 한 권의 훌륭한 책을 쓸 수 있다."고 말했다. 자기가 주인공인 자신의 이야기를 쓰는 것이다.

행복하고 좋은 결말을 위해 주연의식을 갖고 세상 속에서 자신의 이야기를 진행시켜라!

13 내 기준

인생의 치수는 사람마다 다르다

내 세상이고, 내 인생이다.
세상이 만들어놓은 기준으로 나를 재단하지 마라.
인생의 치수는 사람마다 다르다.
세상의 기준에 맞추면
결국 돌아오는 것은
채워지지 않는 만족과 상처뿐이다.

인생은 공장에서 찍어내는 공산품이 아니라,
각자의 개성이 흠씬 묻어나야 할
세상에 단 하나뿐인 예술품이 되어야 한다.
세상의 기준에 따르지 말고, 새로운 기준을 만들어라.

제아무리 글로벌 스탠더드 시대라도
성공한 인생이란 자기의 인생을 사는 것이다.
표준치의 삶이란 애초부터 없다.

My friend, CREATIVITY!

"마음에 드는 부츠를 신기 위해
발가락과 발뒤꿈치를 자르겠는가?"

14
자기의식

**'남'을 의식할수록
'나'는 의식을 잃는다**

"나만을 위한 공간, 보디존, 생각, 특별한 나."

　어딘가에 소속되어 있지 않으면 막연히 불안해지고, 남들이 나를 어떻게 생각할지가 무엇보다 궁금하며, 어떤 일을 시작하기도 전에 일단 혈연, 지연, 학연 등 각종 끈부터 확인하려 드는 사람들이 있다.

　소설가 은희경의 말처럼 이들에게 "배려란 남이 원하는 게 뭔지 알아내려고 하는 것"이고, "교양이란 남이 좋다고 하는 가치를 학습하고, 남이 좋다고 하는 기능을 익히는 것"이다. 또한 이들에게 "성실이란 남이 실망하지 않도록 기대대로 해내는 것"이며, "유행이란 남이 원하는 모습이 되는 것"이다.

My friend, CREATIVITY!

항상 자신보다 남을 의식하며 살고, 남의 시선을 위해 사는 인생은 불행하다.

다양한 사회적 네트워크를 구축하는 것은 성공의 필수 조건임에 틀림없다. 그래서 어떤 사람들은 거미가 거미줄을 치듯 열심히 관계의 줄을 친다.

하지만 조심하자. 얽히고설킨 그 줄에 걸려 넘어지는 수도 있다. 종종 우리는 자신이 쳐놓은 네트워크의 망에 스스로 갇힌다. 지나치게 관계를 의식하다보면, 나에 대한 의식이 부족해지고 결국 삶의 주도권을 잃고 이리저리 휩쓸려 다니게 된다.

자신의 삶에 만족하며 살아가는 이들은 대부분 남보다 자신을 깊게 의식하고 사는 사람들이다.

15
비상구

**한 걸음에 달려갈
비상구를 가졌는가?**

　보건 복지부에 따르면 우리나라의 인구 10만 명당 자살사망자는 2006년 21.5명에서 2007년 23.9명, 2008년 24.3명으로 지속적으로 늘면서 OECD 30개 회원국 가운데 가장 높았다. 자살의 주된 이유는 고용불안이나 가계파산 등의 경제적 이유 혹은 극심한 경쟁과 부적응 등으로 인한 심리적 압박 때문이라고 한다. 하지만 보다 대응 가능한 현실적인 이유를 찾는다면, 사회적인 혹은 개인적인 차원에서의 비상구가 없거나 막혀 있기 때문이다.

　건물을 지을 때 출입문 외의 비상구를 만들어야 하는 것이 안전을 위한 법적 필수조항인 것처럼, 현재를 사는 우리의 인생에도 그 조항은 똑같이 적용되어야 한다.

　살다보면 숨이 턱 막히고 갑갑할 때가 온다. 연기가 자욱해서

"갑갑하고 반복적인 일상의 통로를 벗어나,
새로운 문을 열고 떠나리."

좀처럼 앞이 보이지 않는 날이 있기 마련이다. 그것이 극단적일 때는 죽는 것이 유일한 해결 방법처럼 느껴지기도 한다. 재벌 회장도 스스로 자살을 선택하는 것을 보면, 돈의 많고 적음만의 문제는 아니다.

바로 그때를 위해 벽에 부딪친 인생을 안전하게 대피시킬 수 있는 비상구가 필요한 것이다.

교파와 종파를 떠나 모든 종교는 인생의 훌륭한 비상구다. 모든 것을 털어놓을 수 있는 오랜 친구, 선배, 스승도 좋은 비상구다. 돌아가신 부모님의 무덤, 바다, 산 등 추억이 있는 특별한 장소도 좋다. 성경, 톨스토이, 하루키, 너바나, 퀸, 수영, 조깅, 등산, 낚시 등 잠시 벗어나서 생각을 탈출 시킬 수 있는 것이라면 그 어떤 것도 비상구가 될 수 있다.

다만 이런 것들은 평소에 미리미리 준비해야 급할 때 비상구로서의 역할을 할 수 있다. 일 이외에도 종교생활, 취미, 여가생활, 일을 전제로 하지 않는 다양한 만남이 인생에서 얼마나 중요한지 자살사망율 1위 대한민국은 깨달아야 한다.

세 번을 참으면 살생도 면한다는 말처럼, 비상구가 있으면 극한 판단에 빠질 일도 가볍게 넘어갈 수 있다. 생각해보면 제아무리

My friend, CREATIVITY!

심각하고 심난한 문제도 한 시간만 지나면 흥분과 불안이 조금 가라앉는다. 하루가 지나면 웬만큼 진정이 되고 현실적인 해결방안을 모색하게 된다. 잃어버렸던 이성이 되돌아오는 시간, 인생엔 그 한 시간, 하루를 벌어줄 비상구가 필요하다.

모든 문이 닫혀 있더라도 하나는 열어 둬야 숨통을 틀 수 있다. 한걸음에 달려갈 수 있는 비밀의 문을 만들어라. 각자의 인생을 사는 사람들에겐 서로 다른 삶의 비상구가 존재해야 한다.

16 Someday? 인생에 '언젠가'라는 날은 없다
17 방부제 기록되지 않은 기억은 유통기한이 짧다
18 이미지트레이닝 환경과 조건은 문제가 되지 않는다
19 말줄임표 말 잘하는 사람은 말을 아낀다
20 습관 사람은 습관으로 이루어져 있다

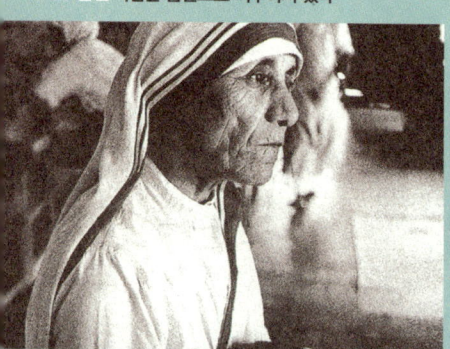

Do you see him?

'**HABIT**' 4

16
Someday?

인생에 '언젠가'라는 날은 없다

My friend, CREATIVITY!

" '언젠가는 꼭 탈거야' 라고 생각하는 이 남자가
할리데이비슨을 탈 확률은 그리 높지 않아 보인다."

Someday, 그날은 아직 시작하지 않은 사람들의 날이다.

Someday, 그날은 그대로 멈춰 있는 사람들의 날이다.

Someday, 그날은 바라만 보는 사람들의 날이다.

Someday, 그날은 꿈만 꾸는 몽상가들의 날이다.

Someday, 그날은 기다려도 오지 않는다.

"언제 한번 보자"는 말은 만나기 힘들다는 뜻이다. '언젠가' 해보겠다는 것은 결국 할 수 없다는 얘기다. 우리는 가능성이 희박할 때 '언젠가'란 말을 사용해 우회적으로 표현한다.

갖고 싶은 것이 생겼을 땐 "언젠가 갖겠다"고 말하지 말고 "몇 달 안에", "올해 안에" 갖겠다고 말하라. 작고 사소한 일을 할 때도 "며칠까지" 하겠다고, 스스로에게 정확한 날짜와 데드라인을 제시하라.

머릿속의 생각과 상상을 현실화시키기 위해서는 반드시 계획이 필요하고, 그 계획의 첫 단추는 구체적인 시간을 설정하는 것이다.

막연하게 '언젠가' 하겠다는 건 '영원히' 할 수 없다는 얘기다.

"언젠가는 나의 회사를 가질 것이다"라는 말과 "5년 안에 나의 회사를 가질 것이다"라는 말은 얼핏 비슷한 것처럼 들릴지도 모르지만 100퍼센트 다른 말이다.

16
Someday, it won't come

My friend, CREATIVITY!

This man who thinks "I'll ride it someday" doesn't stand much chance of actually riding a Harley–davidson

Monday, Tuesday, Wednesday, Thursday, Friday, Saturday, Sunday, and again Monday······

There's no someday in coming days of our life.

Someday is the day that exists only in our thoughts. Maybe, you expect the day that'll never come.

"Let's meet again someday' means it's difficult to meet each other, 'I'll do it someday.' means 'I can't do it in the result.'

'Someday' has only nuance, but has negative meanings such as 'I won't be able to do it.' or 'I won't do it'

It necessarily needs specific time setting to put your thoughts into reality.

When you want to have something, you don't have to say, 'I'll have it someday'.

If you say 'I'll have it in several months or in this year.', you can have it.

When you want to do something, you don't have to say 'I'll do it someday.'

If you say 'I'll do it now, tomorrow or in this month.', you can do it.

All the achievements and all the success need a plan. And the first step of the plan is the specific time setting.

"My dream is to travel all around the world someday." differs from "I will travel all around the world in five years."

To do it someday means never be able to do it.

17
방부제

**기록되지 않은 기억은
유통기한이 짧다**

머릿속에 오래 담아 두려면
기억하지 말고 기록해야 한다.
가슴속에 깊이 간직하려면
몸이라는 방부제를 써야 한다.

기록되지 않은 기억은 유통기한이 짧다.
쉽게 상하고 변질된다.

My friend, CREATIVITY!

"잊지 말아야 할 것이 있다면, 기억하는 것만으로는 부족하다.
기록해야만 한다."

움푹 팬 웅덩이를 지날 때 엉덩이가 아프고, 바람이 실어 나르는 땀 냄새가 코끝을 자극하는, 툭 튀어나온 나뭇가지가 흰 팔뚝에 흔적을 남기는 것, 그것이 자전거여행이다. 눈으로 훑고 지나치는 자동차여행이 풍경을 '기억'하는 행위라면, 길의 굴곡과 경사를 온몸의 근육에 새기면서 전진하는 자전거여행은 풍경을 '기록'하는 행위다.

그래서 자전거여행은 자동차여행보다 정서적 유통기한이 훨씬 길다. 몸이라는 방부제를 쓰기 때문이다. 눈과 머리로 기억한 건 쉽게 잊어도 몸으로 기록한 건 쉽게 잊히지 않는다.

어떤 일을 계획했을 때 흔히 작심삼일로 끝나고 마는 것은 처음의 의도를 시간이 지날수록 잊기가 쉽기 때문이다. 처음 먹었던 마음이 변질되기 때문이다.

만약 다이어트를 계획했다면 '운동을 하고 지금보다 식사량을 줄여야지'라고 머릿속으로만 생각하지 말고 꼼꼼히 계획표부터 작성해보자. 그날그날 자신이 먹었던 음식과 운동량을 기록하자. 힘들고 포기하고 싶을 때는, 다이어트를 해야 하는 이유와 그것이 성공했을 때 돌아오는 성취감에 대해 써보자. 작심삼일의 유효기간이 1개월, 2개월, 1년으로 늘어날 것이다. 어떤 일을 하건 기록하는 습관은 그 일의 성공 가능성을 높여준다.

사실 우리가 진짜 부러워 해야 할 사람은 비상한 기억력을 갖고 있는 머리 좋은 사람들이 아니라, 꼼꼼히 기록하는 사람들이다. 사람의 기억력은 나이가 들면서 후퇴하게 마련이지만, 기록은 하면 할수록 내공이 쌓이기 때문이다. 기억하는 뇌는 머리에 있지만 기록하는 뇌는 손끝에 있다. 중요한 것일수록 머리에게 맡기지 말고 손에 맡겨야 한다.

세월은 급류를 타듯 흘러가고 기록하지 않은 삶은 허무하다. 이것이 우리의 손에 항상 펜과 메모지가 들려 있어야 하는 이유다.

18
이미지트레이닝

**환경과 조건은
문제가 되지 않는다**

아는 사람 중에 특이한 방법으로 운전면허를 딴 사람이 있다. 그는 운전경험이 전혀 없다. 한적한 공원에서 재미삼아 핸들을 잡아 본 적은 있어도, 운전면허학원을 다녔다거나 누구로부터 개인교습을 받은 적은 없다. 그가 운전면허 취득에 들인 돈은 5,000원짜리 문제집과 수험표에 붙인 인지대가 전부였다.

대학을 졸업하고 이제 직장생활을 시작한 지 막 1년이 된 그는 부모님이 일찍 돌아가셔서 서울에 있는 친척집에서 학교를 다녔다고 했다. 입학금 빼고 모든 학비를 거의 스스로 해결할 만큼 생활력이 강했다. 대부분 학창시절에 면허를 따지만 그때 그에겐 돈도 시간도 부족했다. 하지만 회사생활을 하다 보니 여간 불편한 게 아니어서 면허를 따기로 마음먹었다. 그런데 몇 십만 원 하

"올림픽 출전자들이 머릿속에 현장의 이미지를 그려가며 훈련하고 있다.
이미지를 이용하면 언제라도 원하는 환경과 조건을 만들 수 있다."

는 학원비도 아깝거니와 시간도 쉽게 내기 어렵겠다는 생각이 들었다. 그래서 그는 이번에도 혼자서 해결하기로 결심했다.

필기시험은 쉽게 통과, 하지만 문제는 기능시험이었다. 그는 일단 문제집에 부록으로 나와 있는 기능시험 요령을 숙지한 다음 실제 자신이 시험 보게 될 시험장에 가서, 남들이 시험을 치르는 모습을 1시간가량 지켜보며 코스와 순서 등을 머릿속에 집어넣었다.

그 뒤 한 달 동안 그는 출퇴근길 지하철 안에서, 사무실에서 잠깐 커피를 마시거나 먼 산을 바라보면서, 샤워를 하면서, 이불 속에서 잠들면서 머릿속으로 운전연습을 했다. 대충 한번 휙 하고 마는 것이 아니라 실제로 운전석에 앉아 있는 것처럼 상상을 하면서 연습했다. 기어를 넣고, 멈춰서 어깨에 끝선을 맞추고, 핸들을 정확한 횟수만큼 돌리고, 때로는 시간까지 계산하면서 연습했다. 그리고 합격했다.

주행시험을 한 달 앞두고부터는 지하철을 타지 않았다. 버스만 탔다. 늘 운전석 바로 뒷자리에 앉아 마치 자신이 버스를 운전하는 기분으로 주행연습을 했다. 택시를 탈 때도 마찬가지였다. 그렇게 해서 그는 주행시험도 합격하고 면허증을 손에 넣게 되었다. 돈도 돈이지만 그는 엄청난 시간을 번 것이다. 그가 운전연습을 한 시간은 어차피 자투리 시간이었기 때문이다.

물론 안전한 운전을 위해서는 학원에서 정식으로 배워서 운전면허를 획득하는 것이 더 좋다. 여기서 말하고자 한 것은 운전면

허 취득 방법이 아니라 그의 이미지트레이닝이다. 이미지트레이닝은 그냥 머릿속으로 슬쩍 해보는 것이 아니다. 효과를 보려면 실제로 훈련하는 것보다 훨씬 더 많은 집중력이 요구된다. 생각처럼 쉽고 만만한 훈련법은 아니지만 그 효과만큼은 상당하다.

어떤 일을 할 때 남보다 좋지 않은 불리한 환경에 있다면 이미지트레이닝을 이용하라. 어려워서 그렇지 일단 한번 몸에 배면 놀이동산 자유이용권을 얻은 것과 같다. 원하는 모든 환경을 만들어 시도해볼 수 있다

19
말줄임표

말 잘하는 사람은 말을 아낀다

My friend, CREATIVITY!

"말풍선 때문에 보행자가 보이지 않는다. 너무 많은 말은 앞길을 가리고 시야를 막는다."

말 잘하는 사람은 상대방의 말을 잘 듣지만,
말 많은 사람은 일방적으로 떠든다.

말 잘하는 사람은 잘 질문하고,
말 많은 사람은 좀처럼 질문하지 않는다.

말 잘하는 사람은 섣불리 충고하지 않지만,
말 많은 사람은 서슴없는 충고를 아끼지 않는다.

말 잘하는 사람 곁엔 사람들이 모이고,
말 많은 사람 곁엔 아무도 오지 않는다.

말 잘하는 사람은 재미있고 유쾌하지만,
말 많은 사람은 피곤하고 재수 없다.

  말하는 능력은 대단히 중요하다. 말 잘하는 사람일수록 인기도 많고 성공할 확률도 크다. 하지만 타고난 말재주가 없음에 비관하지 말자. 비평가 강준만은 '말 없는 사람'에 대해 이렇게 말한다.

"누구건 말을 적게 하면 사고의 깊이가 더해질 수 있다는 가설이 가능하다. 말을 죽이면 발산되지 못한 에너지가 생각 쪽으로 갈 가능성이 매우 높다. 말 많은 사람치고 창의성이 강한 사람을 보기 어려운 이유도 바로 여기에 있다. 말만 번지르르하게 한다는 말이 생겨난 것도 바로 그런 점과 무관치 않을 것이다."

물론 말을 잘하면 좋지만 그것만이 최선은 아니다.

간혹 말을 잘하는 것과 말이 많은 것을 혼동하는 경우가 있다. 하지만 그 둘은 전혀 관계가 없다. 말을 잘하느냐 못하느냐는 말의 양적인 문제가 아니라 질적인 문제다. 말의 효율성과 생산성에 관한 문제다. 따라서 말을 잘하는 사람일수록 오히려 말을 아낄 확률이 높다.

20
습관

사 람 은   습 관 으 로   이 루 어 져   있 다

My friend, CREATIVITY!

"잠시 줄을 서 있는 동안에도 몸을 풀고,
임신을 한 몸으로 유모차를 끌면서도 조깅을 한다.
이것이 습관이다."

범죄자가 또다시 범죄를 반복할 확률이 높은 것은 사회구조적인 문제도 있겠지만 근본적으로는 습관 때문이다. 악습을 버리지 못하기 때문이다.

명망 있는 집안이 계속해서 대를 이어 인재를 내는 건 우성 유전자나 경제, 사회적 기득권 때문만은 아니다. 좋은 습관이 대물림되기 때문이다. 맹모가 아들을 위해 이사를 다닌 것도 환경 그 자체라기보다 환경이 만들어낼 자식의 습관 때문이었다.

사람은 변한다. 습관이 바뀌면 사람은 변한다. 하지만 사람은 쉽게 변하지 않는다. 오래된 나무일수록 뿌리가 깊게 내려 쉽게 뽑히지 않는 것처럼, 오래된 습관은 쉽게 바뀌지 않는다. 성공하는 삶에는 특별한 노하우나 비결이 있지 않다. 성공하는 사람이란 습관을 바꿀 수 있는 사람이고, 실패하는 사람이란 습관을 바꾸지 못하는 사람일 뿐이다. 좋은 습관을 심으면 크고 단 열매를 거두지만, 나쁜 습관을 심고 솎아내지 못하면 부실한 열매를 맺게 된다.

사람은 수많은 습관으로 이루어져 있다. 몸에 밴 것들이 현재의 그 사람을 말해준다. 인생을 바꾼다는 게 거창한 일일 것 같지만 결국 습관을 바꾸는 일이다. 하루가 바뀌지 않으면 인생은 바뀌지 않는다.

기억하자.
좋은 습관은 나쁜 습관보다 포기하기가 훨씬 쉽고,
뿌리 깊은 습관은
바람에 흔들리지 않는다는 것을.

21 **노화방지** 철든 사람은 철없는 사람을 위해 일한다
22 **잠복기** 키 크는 시간은 눈에 띄지 않는다
23 **길** 길을 묻지 말고, 길을 찾아라
24 **블루오션** 성공의 크기는 상대에 달렸다. 자신과 싸우는 큰 싸움을 해라
25 **가능성** 하면 된다? 되면 하라!

Do you see him? 5
'STRATEGY'

21
노화방지

**철든 사람은
철없는 사람을 위해 일한다**

"젊다고 생각할지도 모르지만
태양에 자주 노출된 피부는
이미 노화가 진행되고 있다.
우리의 정신도 그렇다."

My friend, CREATIVITY!

태양과 자외선에 자주 노출되는 사람의 피부는
노화가 빠르게 진행된다.
세상의 생각에 많이 노출되는 사람의 생각과 정신은
일찍 철이 든다.
철들어 간다는 것은 세상의 틀에 동화되어 가는 것이고,
사회라는 공장의 시스템에 합류하는 것이다.

철든 사람들은
시험보고, 입학하고, 졸업하고,
다시 회사에 들어가 꼬박꼬박 월급을 받지만,
철없는 사람들은 학교를 때려치우고
직업 없이 백수로 빈둥거린다(그런 것처럼 보인다).
그러다 어느 날 갑자기 회사를 만들고 철든 사람들을 고용한다.

마이크로소프트의 빌 게이츠, 애플의 스티브 잡스
드림웍스의 스필버그는 모두 철없는 사람들이었다.

22 잠복기

키 크는 시간은 눈에 띄지 않는다

My friend, CREATIVITY!

"이 약을 뿌리면
해충들의 눈에 사람이 보이지 않는다.
사람들 눈에 띄지 않게 하는 약도 있을까?"

아이들의 키가 훌쩍 자라거나 성적이 갑자기 뛰는 것은 방학이 끝나고 나서다. 프로야구 선수들의 실력이 일취월장하는 시간은 정규시즌 중에서가 아니라, 팬들의 관심으로부터 잠시 사라지는 시간, 늦가을부터 이듬해 봄까지의 동계캠프에서다.

'대중의 눈에서 멀어지는 순간 인기는 곧 식는다'라는 연예계의 법칙은 이제 옛말이다. 오히려 TV만 틀면 얼굴이 보이는 연예인들에게 사람들은 쉽게 식상함을 느낀다. 여기저기 겹치기로 출연하는 배우치고 생명력이 긴 배우는 없다. 가수들도 새로운 앨범을 낼 때는 고별공연을 하고 잠시 활동을 중단하는 것이 이제 관례가 되었다.

키 크는 시간은 눈에 띄지 않는 시간이다. 성장하고 충전하려면 사람들의 눈에서 잠시 멀어지는, 눈에 띄지 않는 시간이 필요하다. 잠복기가 필요한 것이다.

잠복기란 한 달 이상의 긴 시간만을 의미하지는 않는다. 매일 오전 한 시간, 점심시간, 취침 전 한 시간도, 쌓이고 쌓이면 방학이나 동계캠프 이상의 훌륭한 잠복기가 될 수 있다.

MAKE YOURSELF INVISIBLE TO PEOPLE.

23
길

길을 묻지 말고, 길을 찾아라

My friend, CREATIVITY!

"성공적인 비즈니스를 위해 다른 길, 새로운 길을 찾아 나서라."

1. 월급이 적은 쪽을 택하라.
2. 내가 원하는 곳이 아니라 나를 필요로 하는 곳을 택하라.
3. 승진의 기회가 거의 없는 곳을 택하라.
4. 모든 것이 갖춰진 곳을 피하고 처음부터 시작해야 하는 황무지를 택하라.
5. 앞을 다투어 모여드는 곳은 절대 가지 마라. 아무도 가지 않는 곳으로 가라.
6. 장래성이 전혀 없다고 생각되는 곳으로 가라.
7. 사회적 존경 같은 것을 바라볼 수 없는 곳으로 가라.
8. 한가운데가 아니라 가장자리로 가라.
9. 부모나 아내나 약혼자가 결사반대하는 곳이면 틀림없다. 의심치 말고 가라.
10. 왕관이 아니라 단두대가 있는 곳으로 가라.

-거창고등학교 '직업 선택의 10계명'

냉장고를 선택할 땐 대세를 따르는 것이 좋다. 사람들이 많이 사는 냉장고일수록 고장도 적고 쓰기도 편한 냉장고일 확률이 높다. 물건과 서비스를 구매할 땐 이미 써본 사람들의 말을 듣는 것이 현명하다.

하지만 냉장고와 인생은 다르다. 인생의 길을 선택할 땐 그 반대가 되어야 한다. 사람들이 추천하는 곳으로 가면 그곳엔 이미 싱싱한 물건은 다 팔려 나간, 떨이뿐인 폐장이 나올 확률이 크다.

남들에게 길을 묻지 마라. 그들도 모르기는 마찬가지다. 자기도 아직 길을 찾고 있는 줄 모른다. 이미 물었다면 대부분의 사람이 추천하는 길의 반대편으로 가라. 아직 아무도 손대지 않은 싱싱한 먹잇감은 사람들의 발길이 드문 곳에 있기 때문이다.

남들에게 길을 묻지 마라. 그 길로 들어서는 순간부터 뒤처지게 된다. 길을 찾아라. 새로운 시장을 만들어라.

24
블루오션

성공의 크기는 상대에 달렸다.
자신과 싸우는 큰 싸움을 해라

My friend, CREATIVITY!

"남들과 싸워 승리한 사람들은 모두
남들보다 더 힘센
자신과 싸워 이긴 사람들이다."

중국에 어떤 장기 명인(名人)이 있었다. 실력이 출중했기에 명인의 반열에 올랐지만, 그가 고수 중에 고수로 칭송 받는 이유는 실력 때문만은 아니었다. 그는 어렵사리 새로운 수를 개발할 때마다 모두에게 공개하곤 했다.

이유는, 새로운 수를 공개하지 않으면 당장 다른 사람은 이길 수 있겠지만 결국 자신을 이기는 일에 게을러지기 때문이란다. 작은 승리의 달콤함에 취하다보면 더 이상 새로운 수를 개발하지 않게 될 것이고, 그러다보면 결국 패배하는 날이 반드시 오리라는 것이 그의 지론이었다.

경쟁이 치열한 사회에서 자신만이 터득한 나름의 비법에 대해 타인에게 인색한 것은 어쩌면 당연한 일이다. 하지만 후배에게 선뜻 자신의 노하우를 가르쳐주고, 동료들에게 자기 아이디어를 서슴없이 보여주는 사람을 보고 단순히 순진하고 세상물정 모르는 사람이라고만 생각하지는 말자.

우리가 주어진 파이에서 서로 더 많이 차지하려는 뺏고 뺏기는 제로섬게임을 하고 있을 때, 그는 새로운 파이를 만드는 새로운 게임에 몰두하고 있는지도 모른다.

우리가 진흙탕 갯벌에서 망둥이를 잡으려고 서로 싸우고 있을 때, 그는 깊고 푸른 바다에서 홀로 고래를 잡고 있는지도 모른다.

자신과 싸우며 새로운 가치를 만들어내고 있을 수도 있다.

작고 사소한 승리는 남과의 경쟁에서 이긴 사람들의 것이지만, 크고 위대한 승리는 언제나 자신과의 경쟁에서 이긴 사람들의 차지다.

상대방을 향해 있던 독 오른 칼끝의 방향을 자신에게로 돌려보라. 숨통을 조여 오는 경쟁의 스트레스는 점점 작아지고 승리의 스케일은 점점 커질 것이다.

자신과 싸우는 큰 싸움을 해라.

25
가능성

하 면 된 다 ? 되 면 하 라 !

"준비하면 된다."
준비 없이는 어떤 일도 이룰 수 없다.
"사랑하면 된다."
미치도록 사랑하지 않고서는 잘할 수 없다.
"자주하면 된다."
한 번에 되는 일은 없다.
"선택하면 된다."
포기하는 것이 있어야 얻는 것도 있다.

이렇듯 "하면 된다"라는 말에는 조건절이 생략되어 있다.

"아무리 품고 있어도 알은 부화되지 않고
목이 빠지게 기다려도 쥐는 나오지 않는다.
되지 않는 일에 전투력을 소모하지 말아야 한다."

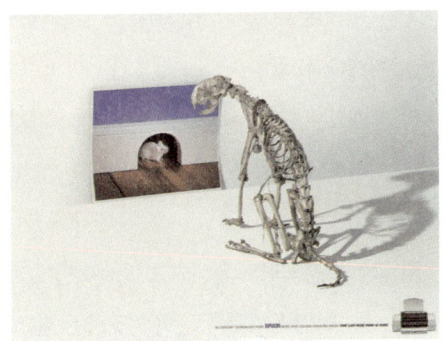

1993년 농구의 신(神)이라 불리던 마이클 조던은 죽은 아버지의 꿈을 이루기 위해 농구를 접고 메이저리그로 진출해 야구방망이를 들었다. 그러나 그는 얼마 지나지 않아 곧 마이너리그로 강등됐고, 그곳에서도 평균 타율 2할 2푼이라는 보통 이하의 성적을 기록했다. 그래서 결국 그는 다시 농구코트로 복귀했고 그곳에서 또다시 신이 되었다.

 조던이 야구에 두각을 보이지 못한 것이 과연 노력과 의지가 부족했기 때문일까?

 액션영화를 보면 처음엔 악당에게 당해도 마지막에 가서는 결국 주인공이 이긴다. 하지만 현실에서는 반드시 이겨야 할 순간에 이길 수 없는 때가 많다. 그것이 현실이고 인생이다. 실제 삶에서는 노력과 의지만 갖고서는 안 되는 일이 수두룩하다. 그것을 인정해야 한다.

 앞뒤 재보지도 않고 "불가능, 그것은 아무것도 아니다!"를 외치며 달리다간 십중팔구 제풀에 지쳐 쓰러지기 마련이다.

 석 달이면 중국어가 완성되고, 보름이면 20킬로그램을 감량할 수 있다는 둥, '하면 된다'를 유난히 강조하는 광고에는 얄팍한 상업성만 숨어 있다. 현실에선 '하면 된다'는 무조건적 전투력보다 '되면 하는' 전략이 훨씬 더 높은 승률을 기록한다.

누군가에게 조언을 해준답시고 '하면 된다'는 말을 남발하지 말자. '하면 된다'는 말은 일시적인 자극을 주는 카페인과 같다. 순간적인 각성효과로 용기와 비슷한 뭔가를 줄 수도 있겠지만 결국에는 무책임한 말이 된다. 정말 유익한 조언은 쓰고 아픈 법이다.

가능성이 희박해 보이는 일에는 과감하게 노력과 의지를 접을 줄도 알아야 한다. 손에 잡히지 않는 신기루 같은 이상만 좇다가는 현실감각을 상실하게 된다. 그보다는, 잘할 수 있고 남보다 유리한 입장에 있는 일에 집중하는 것이 훨씬 높은 생산성과 만족감을 얻게 된다.

젊음과 시간은 무한히 샘솟는 에너지가 아니다. 하고 싶은 일과 할 수 있는 일을 구분해야 한다. 할 수 있는 일에 집중하자. 하고 싶은 일은 취미로 부담 없이 즐기면 된다. 그러다 보면 어느 날 '하고 싶은 일'이 '할 수 있는 일'로 바뀌는 날이 올 것이다.

26 이중잣대 사람은 어느 쪽에서 바라보느냐에 달렸다
27 옆 사람 Out of Mind, Out of Sight
28 안전벨트 가족의 기능이 작동하지 않으면 작은 사고에도 치명상을 입는다
29 당근 미운 사람을 죽이는 방법
30 셀프서비스 의미 없는 시간은 없다

Do you see him? **6**

'HUMAN'

Second hand smoke kills

26
이중잣대

사람은 어느 쪽에서
바라보느냐에 달렸다

My friend, CREATIVITY!

"세계 평화를 외치는 부시의 모습에서 전쟁의 그림자를 볼 수 있다. 테러를 일삼는 빈 라덴의 다른 쪽엔 생존의 절박함이 보인다."

두 사람을 평가할 때 서로 다른 잣대를 들이대는 것은 공정하지 못한 처사지만, 한 사람을 제대로 파악하기 위해서는 이중잣대를 들이댈 필요가 있다. 한쪽의 기준으로 볼 땐 너그럽고 여유 있는 사람이라도, 다른 쪽에서 보면 대충 일하는 게으름뱅이일 수 있다. 까다롭고 지독한 사람 같지만, 반대편에서 보면 카리스마 있는 열정적인 사람일 수도 있다.

 내가 서 있는 쪽이 어느 쪽이냐에 따라 사람은 달라 보인다. 사람을 제대로 보기 위해서는 이중잣대를 사용해야 한다. 인물을 보는 카메라를 한 곳에 고정시키지 말아야 한다.
 그리고 소문은 어디까지나 픽션이다. 소문은 구전 소설에 다름 아니다. 듣는 사람의 흥미를 이끌어내기 위해 말하는 사람은 자신도 모르는 사이에 재미있고 극적으로 구성하려 애쓴다. 그래서 소문은 언제나 한쪽 상황을 과장되게 보여준다.

소문만 믿고
섣불리 사람에 대해 평가를 내리다가는,
좋은 사람을 사귈 기회를 잃을 수도 있다.
이중잣대를 들고 그 사람의 논픽션을 보기 전까지,
남들의 평가가 아니라 나의 평가가 내려지기 전까지
사람에 대한 판단을 유보하라.

27
옆 사람

Out of Mind,
Out of Sight

늘 곁에 있어 더 이상 특별할 것 없는 사람.
각별히 신경 쓰지 않아도 되는 사람.
한번쯤 서운하게 해도 용서되는 사람.
바쁘다 보면 잠깐 잊을 수도 있는 사람.
편해서 가끔은 무례하게 대하게 되는 사람.

너무 가까이 있어 보이지 않는 사람.
그러나 물에 빠져 허우적거릴 때
가장 먼저 손을 내밀어 줄 사람.
그래서 목숨 같은 사람.
옆 사람.

앞 사람의 뒤통수만 바라보며 달리지 말자.
지금, 옆 사람을 보라.

My friend, CREATIVITY!

"황당해 하는 말보로맨. 자신과 함께 반세기 동안 초원을 누볐던 애마가 죽었다. 원인은 간접흡연. 줄기차게 담배를 피워대는 동안 그는 단 한 번도 자신의 애마를 걱정해본 일이 없었을 것이다."

28
안전벨트

**가족의 기능이 작동하지 않으면
작은 사고에도 치명상을 입는다**

"삶의 고속도로에서 가족이라는 안전벨트는 필수다."

1997년, 건국 이래 최대의 참사에서 당신은 건재했다. 아무도 예상치 못했던 괴물체가 각자의 길을 가고 있던 사람들에게 돌진했고, 그 사고의 충격으로 많은 사람이 하루아침에 삶의 터전에서 튕겨져 나갔다. 하지만 불행 중 다행으로 당신은 안전벨트를 단단히 조이고 있었다.

IMF의 유일한 순기능이 있다면 워커홀릭 대한민국에 가족의 중요성을 깨닫게 해준 것이다. IMF라는 국가적 위기를 극복하게 한 것은 시스템의 재정비였지만, 개인적 위기를 극복하게 한 것은 가족이었다.

가족에게 투자하는 시간까지 일에 투자하면 더 많은 것들을 이룰 것이라고 생각한다면 오산이다. 자동차가 빨리 달릴 수 있는 것이 엑셀레이터와 성능 좋은 엔진 덕분만은 아니다. 브레이크와 안전장치가 확실한 자동차만이 제 속도를 낼 수 있다.

가족의 기능이 제대로 작동하지 않으면 아주 작은 사고에도 회복불능의 치명상을 입게 된다. 가족을 챙기지 않은 채 속도를 내다가는 한순간에 삶의 반대편으로 튕겨 나가 영영 제자리로 돌아올 수 없을지도 모른다.

세상이 점점 더 빠른 속도를 요구할수록,
행복하고 안전한 여정을 위해 안전벨트를 잊지 말아야 한다.
가족을 잊지 말아야 한다.

My friend, CREATIVITY!

주말은 내가 가족에게 봉사하는 시간이 아니라
가족이 나에게 봉사하는 시간이다.
삶의 의미를 확인하는 아주 중요한 시간이다.
가족과의 약속보다 비즈니스 약속이
우선이라는 생각을 버려라.
삶의 고속도로에서 가족은 옵션이 아니다.

29 당근

미 운 사 람 을 죽 이 는 방 법

My friend, CREATIVITY!

"상대팀을 응원하는 미운 사람에게,
혼자 건강하겠다고
열심히 등산을 하는 얄미운 사람에게
담배를 권하란다."

시어머니에게 시달리던 며느리가 참다못해 점쟁이를 찾아갔다. 점쟁이가 말했다.

"딱 두 달 만 정성을 다해 떡을 해먹이면 시어미가 죽을 거야."

'과연? 그래 밑져야 본전이다!'

며느리는 온갖 정성으로 시어머니에게 떡을 올렸다. 그런데 무슨 일인지 내막을 모르는 시어머니는 갑작스런 며느리의 태도와 정성에 전에 없던 애틋함을 느끼기 시작했다. 그렇게 조금씩 변하기 시작했다. 두 달 뒤, 시어머니는 며느리를 친딸처럼 대하게 되었다. 비록 의도한 바와는 달랐지만 어쨌든 문제는 해결됐으니 며느리도 그다지 나쁘지는 않았다.

그러다 문득 며느리는 겁이 나기 시작했다. 어쨌든 두 달 동안 정성으로 떡을 해먹인 건 사실이었으니까. 며느리는 곧장 점쟁이에게 달려가 시어머니를 살려낼 방도를 가르쳐달라고 사정했다. 그러자 점쟁이가 말했다.

"이년아, 네 미운 시어미는 이미 죽었어!"

우리는 이미 미운 사람을 죽이는 방법을 잘 알고 있다. 떡 하나를 더 주면 된다. 실천이 어려울 뿐이다. 약점을 틈타 비난의 화살을 쏘아대거나 칼을 들이대고 공격하는 것은 일시적인 미봉책이다. 미운 사람을 죽일 때는 '칼'이 아니라 '떡'을 써야 한다. 그래야 영원히 죽는다.

My friend, CREATIVITY!

누군가를 향해 증오심을 키우거나 복수의 칼날을 가는
자기소모적인 일을 하지 말라.
가장 효과적인 복수는,
복수 따위를 생각할 겨를도 없이
신나고 재밌게 삶을 즐기는 것이다.

30 셀프서비스

의 미 없 는 시 간 은 없 다

My friend, CREATIVITY!

"집안의 전구를 갈아 끼우고 수도관을 조이는 시간은
아내와 도란도란 얘기하며 정을 나눌 수 있는
오붓한 시간이 될 수도 있다.
그 시간을 남에게 맡기면?"

天下難事 必作於易 天下大事 必作於細

어려운 일은 쉬운 일에서부터 시작되고, 큰일은 작고 사소한 일에서부터 시작된다.

—노자 《도덕경》 중에서

복사실에서 만날 수 있는 유일한 임원, L 이사는 자신의 부서에 많은 부하직원이 있는데도 불구하고 바쁠 때도 스스로 복사를 하곤 한다. 처음엔 뭐든지 자신이 해야 직성이 풀리는 성격 때문이겠거니 생각했다. 그러나 나중에 알게 됐지만, 사실 그에게 복사하는 시간은 회의 전에 마지막으로 원고를 검토하는 시간이더라는 것이다. 최종적인 교정시간이었던 셈이다. 그러고 보니 L 이사의 기획서는 군더더기 없이 깔끔하기로 소문이 나 있다.

우리는 책상 앞에서 발견할 수 없었던 기획서의 오류를 종종 복사를 하면서 발견한다. 회의실에선 생각나지 않던 아이디어가 잠깐 커피를 타는 동안 떠오르기도 한다. 골몰하던 문제에서 벗어나 잠시 파일을 정리하는 시간도 아이디어가 방문하기 좋은 시간이다. 복사하고, 커피 타고, 파일을 정리하는 시간은 상대적으로 비중이 작은 일일뿐 의미 없는 시간이 아니다. 무턱대고 남 주기엔 모두 아까운 시간들이다.

작은 일이라고 무작정 남에게 미루거나 시키지 말라. 작고 사소한 일들도 시간이 허락하는 한 스스로 하는 것에 익숙해지자.

셀프서비스를 즐겨라. 기대치 못한 보너스가 딸려온다.

31 스승 성공이란 과목엔 지도교수가 없다
32 두려움 두려운 존재가 아니라, 두려운 생각이 있을 뿐이다
33 틈 구석을 보라, 기회는 언제나 있다
34 부드러움 단호한 명령형을 이기는 것은 부드러운 청유형이다
35 본능 욕망을 현명하게 해소하라

Do you see him? **7**

'ATTITUDE'

31
스승
성공이란 과목엔 지도교수가 없다

My friend, CREATIVITY!

"만화를 배우고자 하는 이 학생에게
스승은 미키마우스와 배트맨이다.
세상 모든 만화가 스승이다."

배움엔 정말 때가 있다. 그 '때'는 나이가 아니다. 일반적으로 청소년기에 있는 학생에게 어른이 훈계할 때 말하는 '때'가 아니다. 배움의 때란, 나이와 상관없이 '배우고 싶은 마음이 충만할 때'를 말한다.

모두가 인정하는 훌륭한 스승 밑에서도, 모두가 부러워하는 좋은 배움의 환경에 놓여 있다고 하더라도 때가 되지 않으면 배울 수가 없다. 하지만 때가 되면, 배우고 싶은 마음이 턱까지 차오르면, 하고 싶은 생각에 밤잠을 설치면, 꿈꾸면서도 배우게 된다. 모든 것으로부터 배우게 된다.

'배울 사람이 없다'는 이유로 회사를 옮기고 싶어 한다면 냉정하게 생각해보자. 진짜 무엇인가를 배우고 싶어 하는 건지, 아니면 큰 회사에서, 업계에서 이름을 날리고 있는 누군가의 밑에서 일하게 되면 자신도 곧 그렇게 될 것이라 생각하는 건지.

후자라면 아직 배울 때가 되지 않은 것이다. 그건 배움의 욕망이라기보다 좀 더 편하게 뭔가를 얻어 보겠다는 무임승차의 욕망에 가깝다.

크건 작건 한 분야에서 성공을 이룩한 이들은 특별한 누군가로부터 가르침을 받거나 사사한 사람들이 아니다. 오히려 모두가 부러워할 만한 환경을 박차고 나가 스스로 배우고 깨우쳐 자신의 길을 낸 사람들이다. 진짜 배울 때가 되면 굳이 새로운 스승이나 환경을 찾을 필요가 없다.

공부를 하고 싶어 하는 사람에겐 교과서만 있으면 충분하다. 성공을 감지하는 촉수는 스스로 길을 내겠다고 마음먹은 순간부터 예민해진다. 수동적으로 받아들이던 정보와 지식들을 능동적으로 찾아 나서게 되는 것도 이때부터다. 책 한 권을 읽어도 현실에 적용하려 애쓰고, 만나는 모든 사람에게서 배우려고 긴장한다.

결국 그 촉수는 점점 발달하여 스스로 먹이가 있는 곳을 알아낼 것이고, 아무도 읽어내지 못하던 '그 무엇'을 감지하게 될 것이다.

성공이란 과목엔 지도교수가 없다.

31
Can success be taught?

My friend, CREATIVITY!

"Most of successful cartoonists are not taught by someone, but they learn from all the cartoons in the world and are taught by themselves."

Some people want to quit their jobs because they have no mentor in the company.

They think that if they have learned from a leading figure in the field, they could be one like him.

Frankly, they find a mentor to get comfortable rather than to learn from him.

Mind of learning, it hides a desire to get a free ride to get things easily.

Some people learn English from various well-known lecturers, but among them, there is almost no one who is very good at English. The ones who succeeded in their field didn't learn from someone or weren't given a lesson. They rejected their desirable surroundings and learned by themselves to make their way.

If you begin to have a mind to make your way by yourself, a feeler of success will become sensitive.

From then, you try to find the information and knowledge which are obtained passively.

When you read a book, you try to put it into practice. When you meet someone, you try to learn from him with attention.

At last, as the feeler develops more and more, you'll learn how to catch the prey and feel the oncoming success.

When you become accustomed to the distribution of food, you forget to hunt and the feeler of success develops slowly or degrades. Learning from someone never assure the success.

On the contrary, it is possible that you become an adherent or the second.

Success is the subject which is learned by oneself.

No professor teaches success.

두려움

두려운 존재가 아니라,
두려운 생각이 있을 뿐이다

"용기를 내어 다가간 고양이는 단지 묶여 있는 개라는
사실을 알게 된다. 허수아비에 앉아 본 새에게 그것은
더 이상 두려운 존재가 아니다."

My friend, CREATIVITY!

Dr. 말콤: 바로 그거야, 두렵긴 하겠지만 유령들을 돌아가게 할 방법을 알 것 같아…….

콜: 어떻게요?

Dr. 말콤: 도망치지 말고 얘길 들어줘!

—영화 「식스센스」 중에서

하기 싫은 일에는 크게 두 가지 종류가 있다. 재미없고 귀찮아서 하기 싫은 것과, 어렵고 겁나서 하기 싫은 경우다. 재미없고 귀찮아서 생기는 '하기 싫음'은 음성반응이다. 문제가 되지 않는다. 가벼운 감기기운 같아서 기분전환으로도 쉽게 고쳐진다.

하지만 어렵고 두려워서 생기는 '하기 싫음'은 심각한 양성반응이다. 방치하면 점점 악화되어 그 결과가 삶의 큰 그림을 바꾸어 놓을 수도 있다.

하기 싫은 일이 생겼을 때는 재빨리 판단해보자. 음성반응이라면 크게 신경 쓰지 않아도 된다. 누군가를 만나야 하는데 정말 몸이 피곤하다면, 약속시간을 다음으로 미뤄도 상관없다. 컨디션이 좋아졌을 때 다시 만나면 된다.

그러나 양성반응에 의한 것이라면, 즉 만나야 할 사람이 어렵

고 두려워서 만나기를 꺼려하는 것이라면, 절대 약속시간을 미뤄서는 안 된다. 미루면 미룰수록 만나기는 더욱 어려워진다.

프레젠테이션이 귀찮아서 하기 싫은 것이라면 한번쯤 넘어가도 상관없지만, 그것이 어렵고 사람들 앞에 서는 것이 두려워서 하기 싫은 것이라면 무슨 일이 있어도 꼭 해야 한다.

우리는 살아가면서 많은 두려움과 만난다. 학생 때는 시험이 두렵고, 누군가와 사랑할 땐 그 사랑이 깨질까 봐 두렵다. 많은 사람 앞에 서는 것이 두렵고, 자신의 약점이 드러날까 두렵다.

괴팍한 직장상사가 두렵고 냉정한 조직논리가 두렵다. 변화하는 것이 두렵고, 알 수 없는 미래가 두렵다.

그럴 때마다 도망치고 싶은 것이 사람의 본능이다. 하지만 우리가 두려워하는 일의 대부분은 사실, 자주 해보지 않아 익숙하지 않은 일일 뿐이다. 따라서 두려움을 극복하는 유일한 방법은 도망치는 게 아니라, 지금보다 더 가까이 가서 두려움을 꼭 껴안는 것이다.

두려움을 느낀다는 것은 성장하고 있다는 신호다. 목표 없이 되는 대로 하루하루 살아가는 사람이 두려운 감정을 느낄 리 없다. 지향점이 있고 계획이 있는 사람들만이 두려운 감정을 느낀다. 시험에 부담을 느끼고 두려움을 느끼는 사람일수록 성적은 좋다. 미래에 대해 불안해 하는 사람들은 대부분 미래에 대한 준비가 남보다 철저한 사람들이다. 두려움은 제거해야 하는 것이 아니라 성장의 엔진으로 활용해야 하는 것이다.

두려움과 포옹하라. 새로운 기회가 생길 것이다. 두려움을 피해 다니면 기회와 행운도 우리를 피해 다닌다.

33
틈

구 석 을   보 라 ,
기 회 는   언 제 나   있 다

My friend, CREATIVITY!

"배수관 파이프도
버스정류장 모퉁이 기둥도
누군가에는 기회가 된다."

기회가 없다고 말하지 마라.
다만 보지 못할 뿐이다.
기회를 놓쳤다고 아쉬워 하지 마라.
기회는 시내버스보다 자주 온다.
남들이 기회를 모두 차지해버렸다고 억울해 하지도 마라.
내가 찾는 한 그것은 고갈되지 않는다.
시험에 붙은 것도 기회지만 떨어진 것 또한 기회다.
승진도 기회지만 유급도 기회다.
돈이 많은 것도 기회지만 돈이 없는 것도 기회다.
세상 모든 것이 기회다.

골드러시 시절에 실제로 많은 돈을 번 사람들은 금맥을 찾아 나선 사람들이 아니었다. 정말 부자가 된 이들은 공구와 청바지를 판 사람들이었다. 9.11테러가 일어나자마자 한 대기업 사장은 급히 홈시어터 사업에 집중할 것을 명령했다. 실제로 테러의 공포에 쌓인 사람들은 집에 머무는 시간이 많아졌고, 홈서비스 사업이 급속히 호황을 누리게 되었다. 좋은 일 나쁜 일도 모두 기회를 만들어낸다. 기회는 어디에나 있다.

살면서 세 번의 기회가 찾아온다고 믿고 기다리는 사람에겐 딱 세 번의 기회가 오지만, 널린 게 기회라고 생각하는 사람에게는 하루에도 몇 번씩 기회가 찾아온다.

배수관 파이프도,
아무도 보지 않을 것 같은 모퉁이 기둥도
누군가에는 기회가 된다.

34
부드러움

**단호한 명령형을 이기는 것은
부드러운 청유형이다**

My friend, CREATIVITY!

"아기는
부드럽게 면도한 아빠의 뺨을
엄마 젖으로 오해했다.
부드러움은 항상
사람을 끌어들인다."

찬 비바람보다 따스한 햇살이 나그네의 외투를 벗기듯, 사람의 마음을 열게 하는 것은 단호한 명령형이 아니라 부드러운 청유형이다. 부드러움이, 상대방에 대한 유연한 태도가 사람의 마음을 움직이게 한다.

부드러워진다는 것은 현실과 타협하거나 약해지는 것이 아니다. 현실을 껴안을 만큼 크다는 것이고, 싸우지 않고도 이길 수 있을 만큼 현명하다는 것이다. 결국 강하다는 것이다. 강한 사람이란 많은 사람의 힘을 이끌어내는 사람이다.

기억하자. 밀림을 지배하는 힘은 강한 '야성'에서 나오지만 문명을 이끄는 힘은 부드럽게 포용할 수 있는 '모성'에서 나온다. 카리스마 중에서도 최고의 카리스마는 부드러운 카리스마다.

유약하고 단호하지 못한 소심한 성격을 괴로워하지 말자. 자신의 성격을 숨기고 애써 단호한 척하고 강한 척해도 타고난 품성은 쉽게 바뀌지 않는다. 성격과 행동의 불일치는 스트레스를 가중 시킬 뿐이다. 성격을 개조하기보다는 타고난 성격을 좋은 쪽으로 발전시키는 것이 훨씬 생산적이다.

유약함을 인정하라. 단호하고 강한, 대쪽 같은 성격만 메리트가 있는 게 아니다. 유약함에서 조금만 방향을 틀면 시대가 요구하는 부드러움으로 발전할 수 있게 된다.

35
본능

욕망을 현명하게 해소하라

My friend, CREATIVITY!

"섹스어필보다는 유머러스한 유쾌함이 느껴진다.
양지로 나온 욕망은 밝고 활기차다."

프로이트는 말했다. 인간이 욕망을 통제하며 살아간다는 것은 사실이 아니라고. 욕망은 통제 불가능하기 때문에 욕망이다. 다만 억누르고 살아갈 뿐이다. 그 억눌린 욕망은 꿈으로, 웃음과 농담으로, 히스테리로, 혹은 노이로제로 변장해서 나타난다.

본능을 포기하고 만든 문명사회라고 했다. 인간의 모든 욕망을 다 충족할 수는 없다. 바람직한 삶의 방식이 과거에는 욕망을 잘 억제하는 쪽으로 초점을 맞췄다면, 앞으로는 욕망을 얼마나 잘 발산하느냐에 초점이 맞춰질 것이다. 욕망을 무조건 억누르기보다는 현명한 방법으로 해소하고 대체하는 것이 삶의 생산성과 건강지수를 높이기 때문이다.

지하에 흐르지 못하고 고여 있는 물은 그대로 썩지만, 지상에서 흐르는 물은 하늘로 올라가 다시 비가 되어 내린다. 습하고 어두운 의식의 수면 아래에 숨겨진 욕망은 히스테리와 노이로제로 변장해서 나타날 것이고, 의식의 수면 위로 올라와 태양 아래 노출된 욕망은 웃음과 농담으로 가볍게 증발할 것이다.

우리는 욕망에 대해서 좀 더 밝고 유쾌해져야 한다.

36 유레카! 아이디어는 이미 있다
37 지우개 아이디어는 더하기가 아니라 빼기다
38 재구성 맨땅에 헤딩하지 마라
39 남의 신발 역지사지의 열매는 새롭고 신선하다
40 고독 아이디어는 혼자 있는 사람에게 찾아온다

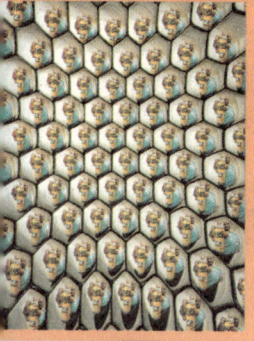

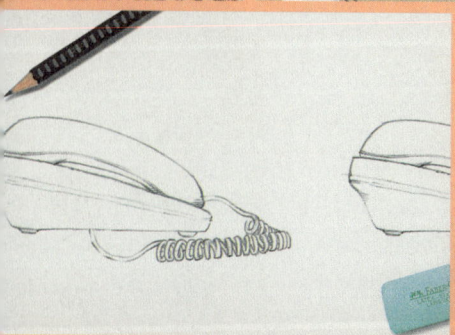
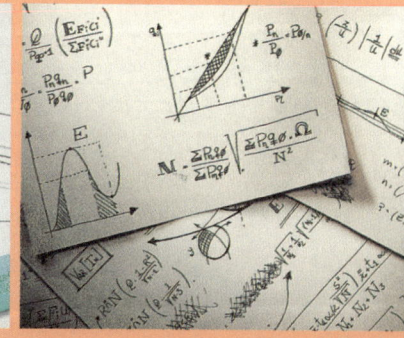

Do you see him? 8
'IDEA'

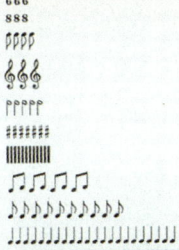

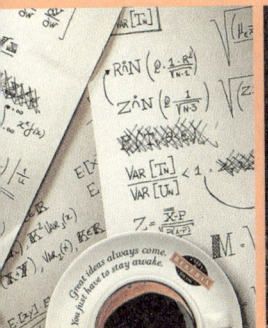

36
유레카!

아 이 디 어 는   이 미   있 다

쓴 커피로 잠을 쫓다가 깜빡 잠든 이른 새벽,
현관문의 인기척을 듣고 잠을 깼다.
우유배달부려니 했다.
또 한 번의 인기척, 신문이려니 했다.
그리고 또 한 번의 인기척.
나는 현관문을 열었다.
누구냐고 물었더니,
아이디어라고 했다.
왜 이제 오느냐 물었더니,
오는 것이 아니라 떠나는 것이라고 했다.
지금껏 어디 있었느냐 물었더니,
내 곁에 있었다고 했다.
이렇게 가면 어떡하느냐 물었더니,
남은 커피나 마저 즐기라 할 뿐
그저 웃기만 했다.

My friend, CREATIVITY!

"커피잔 자국 때문에 우연히 발견된
아인슈타인의 상대성 이론과 나이키의 슬로건.
아이디어는 이미 있는 것을 발견하는 일일 뿐이다."

　어느 날 우연히 오른쪽으로 고개를 돌렸을 때 나타났다는 아이디어는 사실 우연이 아니다. 이전부터 이미 곁에 있었지만 다만 그때 발견한 것뿐이다. 아이디어는 그것을 찾기 위해 예민해진 사람에게 우연을 가장한 채 찾아온다. 하지만 필연에 가깝다. 각자의 경험과 기억 속에, 각자의 생각과 상상 속에 아이디어는 이미 존재하기 때문이다.

　아이디어를 '얻게 될' 것이라고 생각하지 마라. 아이디어는 '찾게 될' 뿐이다. 각자가 갖고 있는 범위 안에서, 각자가 생각하는 만큼의 테두리 안에서. 아이디어는 저축한 만큼 찾게 되는 자유적금과 같다.

아이디어는 복권이 아니다. 우연은 없다. 약간의 이자가 있을 뿐이다. 필요할 때마다 원하는 만큼의 아이디어를 찾아 쓸 수 있는지 없는지는 평소의 저축습관에 달렸다. 평소에 저축해둔 재료의 양과 질에 따라 아이디어의 수준이 결정된다.

지치지 않는 호기심을 가져라. 이곳저곳 다리품을 팔며 기웃거려라. 바지런하고 꼼꼼하게 기록하라. 엉뚱한 생각으로 상상하고 그것을 꼬박꼬박 노트의 마지막 장까지 채워서 저축하라. 그것이 쌓이고 쌓이면 부자가 된다. 아이디어 부자가 되는 것이다. 나중엔 사람들이 비싼 이자를 내며 당신의 아이디어를 빌려갈 것이다. 당신은 아이디어 뱅크가 된 것이다.

37 지우개

**아 이 디 어 는   더 하 기 가
아 니 라   빼 기 다**

생각을 나열하는 것이 아이디어가 아니라,
간추려서 쉽게 정리하는 것이 아이디어다.
복잡해지는 것이 아이디어가 아니라,
심플해지는 것이 아이디어다.
아이디어의 마지막 단계에서 고민해야 할 것은
무엇을 더할 것인가가 아니라,
무엇을 뺄 것인가이다.
좋은 아이디어는 부피가 작고 농도가 짙다.
핵심 아이디어일수록 밀도가 높다.

각자의 머릿속에 기억을 상실시키는 지우개가 아닌,
생각을 덜어내는 지우개가 필요하다.

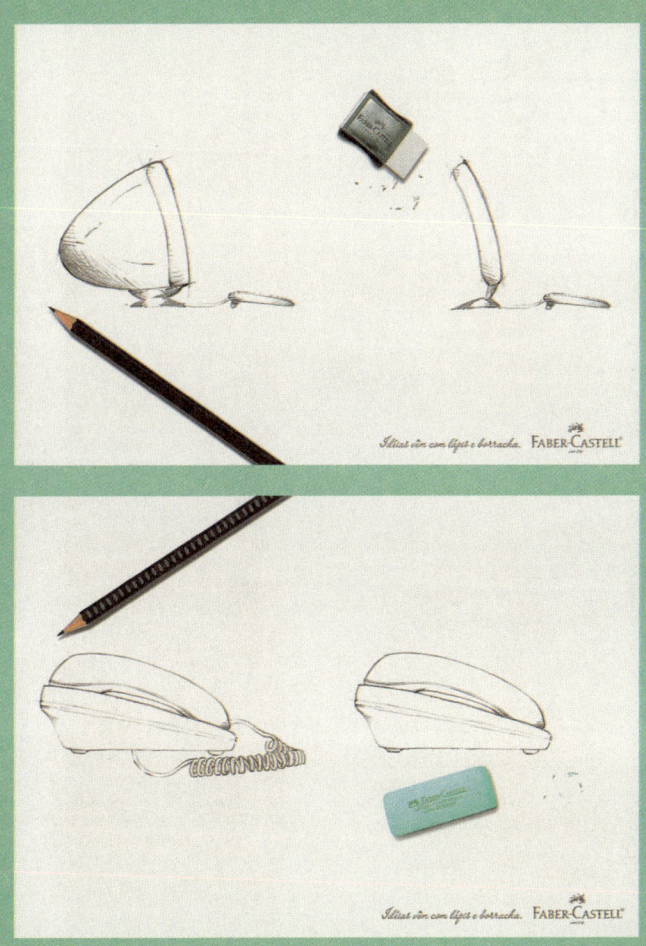

"연필이 만든 아이디어를 지우개가 극대화시켰다."

38
재구성

맨 땅에 헤딩하지 마라

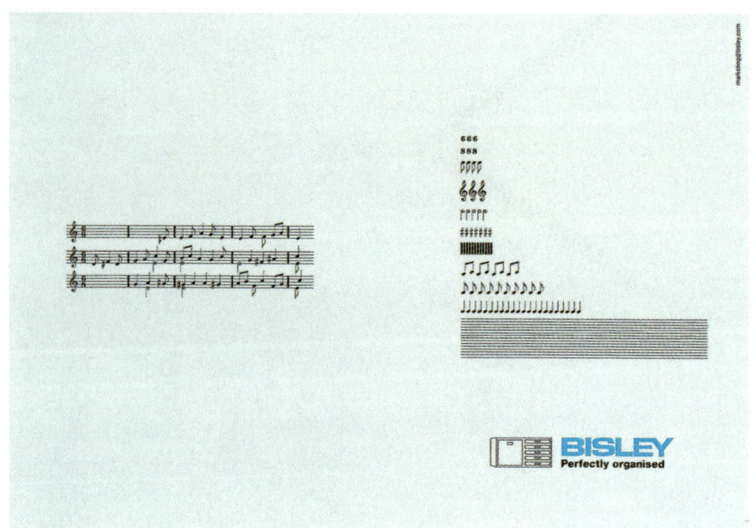

My friend, CREATIVITY!

"오선지의 악보나 시간까지도 완벽하게 정리할 수 있다.
분해해서 정리하고 난 나음은?
재구성하는 일이다."

"이봐, 뭐 새로운 거 없어?"라는 질문이 곤욕스러운 사람들을 위한, 전혀 새롭지 않은 레시피. 이름하야 Cooking New Idea for Beginner!

재료는 단 하나, '누가 했는지는 몰라도, 거참 괜찮네' 싶은 각자 분야의 완성물.

그리고 기본 양념들. 집요함 두 큰 술에 용기(勇氣) 세 큰 술.

용기가 없을 땐 실험정신도 무방함.

먼저 준비된 완성물을 올려놓고 잘게 채를 썬다.

그런 다음 각자 원하는 모양으로 새롭게 반죽해서 조립한다.

규칙은 없다. 엿장수 마음대로 마음껏 주무르면 그만이다.

자, 다음은 오늘의 쿠킹 포인트, 양념-간-시간.

집요함 두 큰 술, 용기 세 큰 술을 반죽에 넣고 다시 주물러준다.

사실 양념을 넣는 데 제한은 없다. 넣고 싶을 때마다 자주 넣어도 상관없다.

양념이 많이 들어갈수록 새로운 맛은 더 진하게 난다.

마지막으로 머릿속 서랍을 열고 차곡차곡 반죽들을 넣는다.

그리고 적당한 온도로 보관해 발효시키면 오늘의 요리는 끝!

내일 아침이면 새로운 맛의 New Idea를 맛볼 수 있을 것이다.

My friend, CREATIVITY!

알고 보면 새로운 음악이란 없다. 리듬의 재구성이 있을 뿐이다. 새로운 이야기가 있는 것이 아니라, 스토리의 재구성이 있을 뿐이다. 새로운 생각과 이론이 있는 것이 아니라, 재구성된 생각과 이론이 있을 뿐이다.

따라서 남의 글을 많이 읽은 사람일수록 새로운 글을 쓸 확률이 높고, 남의 음악을 많이 듣는 사람일수록 새로운 음악을 만들어낼 가능성이 크다. 갖은 재료가 많을수록 구성과 조합이 다양하고 풍부해지기 때문이다.

아이디어는 맨땅에 헤딩하기가 아니다. 새로운 것을 만들어야 한다는 부담에서 벗어나 먼저 기존의 것을 해체하고 재구성하라. 자신의 것이어도 좋고 남의 것이라도 좋다. 그러다보면 어떤 식으로든 새로운 조합이 생겨나기 마련이다.

처음부터 백지의 공포에 시달리지 말라. 시계 만들기의 시작은 다른 시계를 분해해보는 것이니까!

39
남의 신발

**역지사지의 열매는
새롭고 신선하다**

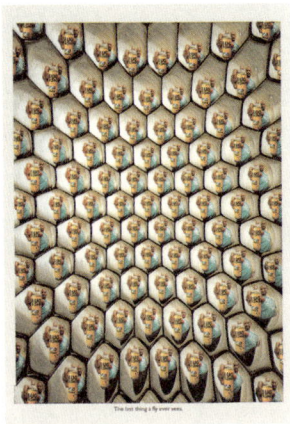
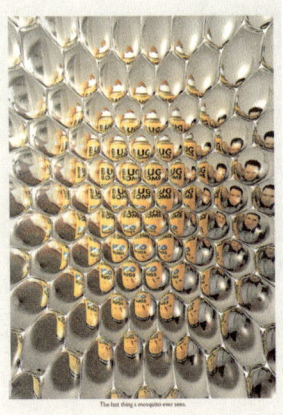

"파리와 모기의 시선으로 바라본 생애 마지막 영상.
벌레들이 세상을 뜨기 전에 마지막으로 본 것은?"

My friend, CREATIVITY!

파리, 모기가 본 세상의 마지막 순간.
벌레들이 세상을 뜨기 전 마지막으로 본 것이
누군가의 손에 들려 있었을 '에프킬러'라고 말할 수 있는 사람은
잠깐이라도 벌레가 되어본 사람이다.

맞지 않는 남의 신발을 신는다는 것은 생각만큼 쉽지 않다.
냄새나고 불편하기 짝이 없는 일이다.
하지만 남의 신발을 신어보면
자기에게 없었던 새로운 시각과 관점을 갖게 된다.
사람들이 박수치고 환호하는 기발한 아이디어와
사람들을 끌어 모으고 감동시키는 새로운 서비스는 모두
남의 신발을 신고서 찾아낸 것들이다.

역지사지(易地思之)를 넘어 빙의(憑依)하라.
다른 사람 속에 들어가보면 새롭고 신선한 열매가
어디에 있는지 알 수 있다.

40
고독

아이디어는 혼자 있는
사람에게 찾아온다

"좋은 아이디어는 당신이 혼자 있을 때 슬며시 찾아온다."

My friend, CREATIVITY!

문을 걸어 잠그고 창문을 닫고
블라인드를 치고 전화기의 전원을 꺼도
컴퓨터를 켜는 순간 메신저가 똑똑,
그렇게 세상은 쳐들어온다.
웬만해선 그들을 막을 수 없다.
하지만 파스칼은 말했다.
"인간의 모든 불행은 단 한 가지,
고요한 방안에 들어 앉아 휴식할 줄 모르는 것이다."

새로운 돌파구를 찾고 있다면
옆 자리를 비워두어야 한다.
아이디어는 혼자 있는 사람에게만 접근한다.
더 크고 넓은 세상이 궁금하다면 독방으로 들어가야 한다.

새로운 생각과 기회는 북적이는 자동차가 아니라,
텅 빈 외로움을 타고 온다.

41 Leader & Reader 책을 읽는다는 것, 어둑해진 전구를 새것으로 갈아 끼우는 일
42 지적소유권 지적소유권은 직접 소유하라
43 생각근육 날씬한 생각을 원하십니까?
44 책의 산 정보의 바다에 지식은 살지 않는다
45 고전 살아서 펄떡이는 오래된 미래

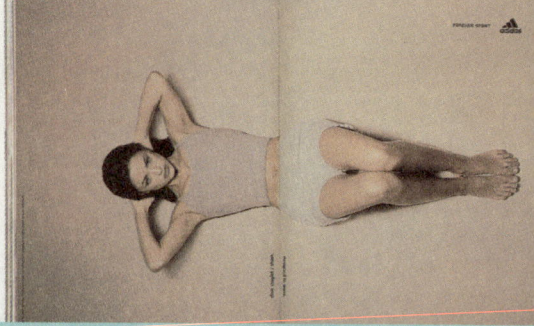

Do you see him? **9**

'BOOK'

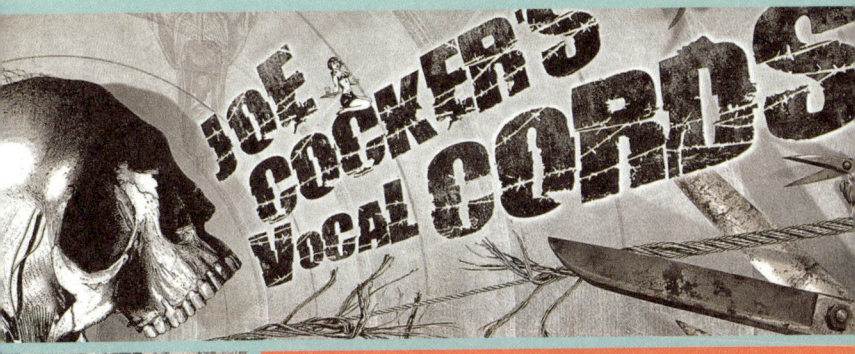

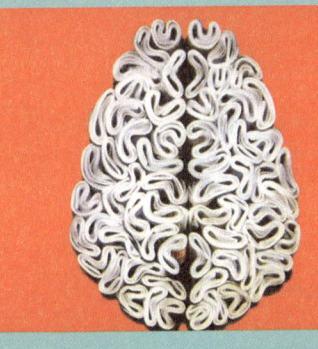

41
Leader & Reader

책을 읽는다는 것, 어둑해진 전구를 새것으로 갈아 끼우는 일

My friend, CREATIVITY!

"사람이 지나가면 대형전구에 불이 들어온다.
독서는 생각이라는 전구를 밝게 해준다."

사람들은 거실의 전구가 침침해지는 것은 알아도 정신의 빛이 점점 희미해져 가는 건 모른 채 살아간다. 하지만 당신은 다르다.

당신의 여행가방은 항상 남들보다 무겁다. 여행을 가도 출장을 가도 당신은 늘 책과 동행한다. 일요일 오후 친구를 만나러 집을 나설 때도 당신은 책을 챙긴다. 비 오는 날도 우산을 깜빡할지언정 책을 빠뜨리지는 않는다. 가지고 갔던 책을 읽지 못할 때도 많지만, 책 없이 집을 나서는 것만큼 불안하고 불편한 일은 없기 때문이다.

버스 안에서, 지하철 안에서, 잠시 주차해놓은 차 안에서, 카페에 앉아 누군가를 기다리면서, 은행에서 대기표를 뽑고서, 잠든 아이를 업고 거실을 돌면서, 심지어 민방위 훈련을 받는 중에도 당신은 책을 꺼낸다. 당신은 책 읽을 시간이 없다는 말을 이해하지 못한다.

당신에게 책읽기는 억지로라도 해야 하는 공부가 아니다. 남들이 피곤하고 지쳐서 책을 읽지 못한다고 할 때, 당신은 책을 읽어야 피로가 가신다고 말한다. 당신은 스트레스가 쌓일수록 책을 집어 든다. 당신에게 책읽기는 정신적 사우나이고, 하루 내내 쌓였던 갑갑함과 피곤을 풀어 주는 한 잔의 맥주와 같다.

또, 누군가가 읽고 있던 책을 빌려 달라고 하면 당신은 아예 새 책을 사서 선물한다. 당신이 읽었던 모든 책에는 밑줄이 그어져 있거나 메모가 되어 있기 때문이다. 당신은 손때 묻은 책이 자신의 일부이기에 빌려줄 수 없다고 생각한다.

어떤 분야에서든 두각을 나타냈던 사람들은 대부분 소문난 독서광들이었다. 리더(Leader)들은 대부분 리더(Reader)였다. 지금은 그저 책읽기 좋아하는 사람이라 불릴지 모르지만, 머지않아 당신은 리더라고 불릴 것이다.

# 42
지적소유권

지적소유권은 직접 소유하라

손때 묻고 밑줄 그은 《태백산맥》은
조정래의 《태백산맥》이 아니라, 나의 《태백산맥》이다.
추억이 배어 있는 「You're so beautiful」은
더 이상 조 커커의 것이 아니라, 나의 「You're so beautiful」이다.

정신적 가치를 소유하는 일에 인색하지 마라.
나이키와 리바이스는 고작 몇 년을 입지만,
정신적 소유물은 평생을 가도 낡거나 해지지 않는다.

지적소유권도 직접 소유하라.

My friend, CREATIVITY!

"불법음반을 구입하는 행위는 롤링스톤스의 열정적인 기타리스트
키스 리처드의 손가락에 찬물을 끼얹는 행위다.
평생을 노래해온 조 커커의 성대를 가위로 자르는 행위다."

43
생각근육

날씬한 생각을 원하십니까?

그동안 얼마나 생각 없이 사셨습니까?

거울 좀 보세요. 얼굴에서 살아온 세월 만큼 깊이가 느껴지십니까?

외모도 외모지만 이대로 방치하다간 성인병에 걸리기도 쉽죠.

상상력도 빈곤해지고, 기억력도 점점 희미해지는.

날씬한 생각을 원하십니까?

미끈하게 빠진 논리력과 쭉쭉빵빵한 상상력이 부럽습니까?

그렇다면 이제 그만 리모컨과 마우스를 내려놓고

그 손으로 책장을 넘기십시오.

몸의 근육은 키우는 것이 아니라 지키는 것에 불과합니다.

아무리 운동을 해도 나이라는 한계는 극복할 수 없죠.

하지만 책을 읽어 생긴 근육은

시간이 흐를수록 점점 단단해지고 유연해집니다.

당신이 집중적으로 키워야 할 근육은 바로 이 생각의 근육입니다.

―당신의 북트레이너로부터

My friend, CREATIVITY!

"독자가 책장을 넘기면
저들은 윗몸일으키기와 아령 운동을 하게 된다."

44
책의 산

정보의 바다에 지식은 살지 않는다

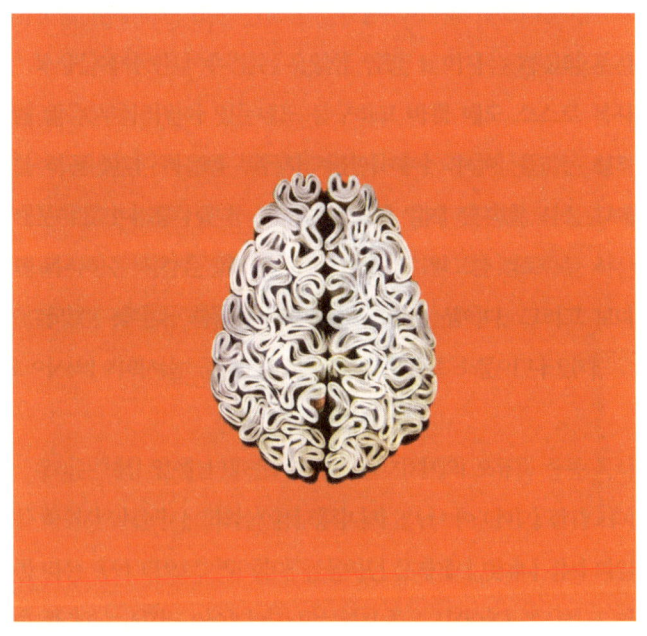

"사람의 뇌는 책으로 이루어져 있다."

My friend, CREATIVITY!

세상의 모든 '지식'이 있다는 인터넷에는 사실 세상의 거의 모든 '정보'가 있을 뿐이다. 정보와 지식은 다르다. 정보는 소화라는 아날로그 과정을 거쳐야만 비로소 지식이 된다. 따라서 소화되기 이전의 정보는 쉽게 나눌 수 있지만, 이미 소화되어 피와 살의 일부가 된 지식은 주는 사람의 고통과 받는 사람의 노력 없이는 쉽게 나눌 수 없다.

인터넷에서 건져 올린 정보들이 속도와 편리성의 기준으로는 우월하겠지만, 땀 흘리며 책과의 진검승부를 통해 얻어진 지식과는 비교할 수 없다. 정보가 많다고 지식이 많은 것은 아니다. 인터넷시대에도 책의 역할과 가치는 여전히 유효하다.

대도시의 안방에서 남해의 외딴섬 분교까지 촘촘하게 연결된 대용량 초고속 인터넷망. 배낭여행이나 해외출장을 가서 인터넷을 사용할라치면 답답함과 함께 우리의 앞선 정보통신 인프라에 자부심이 생긴다. 유럽이나 미국도 정보통신 대중화만큼은 우리의 뒤를 추격하는 꼴이다. 대한민국은 틀림없는 정보통신 강국이다. 하지만 정보통신 강국이 곧 지식정보 강국을 말하는 것은 아니다.

정보의 바다가 아닌, 책의 산에 오르자.

ём # 45
고전

살아서 펄떡이는 오래된 미래

My friend, CREATIVITY!

"군중속의 비발디, 노천카페에 앉아 있는 바흐,
클래식은 죽지 않았다."

고전은 단순히 해묵은 옛 사람들의 작품이 아니다. 시간의 경과만으로 고전이 될 수는 없다. 고전은 오랜 세월을 거쳐 온갖 비평을 이겨내고 남아서 널리 사랑받는, 시대를 초월한 걸작을 일컫는다. 고전이 지니고 있는 상상력과 통찰력, 독창성은 시대를 넘어 새로운 상상력을 자극한다. 따라서 책의 경우 고전 한 권을 제대로 읽으면, 그 고전을 인용하거나 응용한 수십 권, 수백 권의 책을 한 번에 읽은 효과가 있는 것이다.

또, 고전은 시대를 초월한 보편가치이기 때문에, 토론의 기회가 늘고 있는 지금의 시대에서 주장의 근거를 세우는 중요한 기초가 되기도 한다.

'살아남은 책', '살아남은 음악' 그래서 다시 인용되고 재생산되는 고전은 과거완료형이 아니라 현재진행형이다. 고전을 만난다는 것은 지난 과거를 만나는 것이 아니라 오래된 미래와 만나는 것이다. 따라서 고전은 미래진행형이기도 하다.

고전은 죽지 않는다.

고전은 그 가치를 아는 사람만이 누릴 수 있는 인류의 문화유산이다. 그것과 만나기 위해서는 만만치 않은 인내와 끈기가 필요하기 때문이다.

46 배후 시대의 아픔도 놓치지 않는 참된 성공
47 그늘 성공의 열매를 넘어 성공의 그늘을 만들라
48 캐주얼 성공이 입은 옷은 캐주얼이다
49 제물 Give and Take는 진리다
50 나눔 나누고 난 빈손엔 행복이 채워진다

Do you see him? **10**

'success'

46
배후

**시 대 의   아 픔 도
놓 치 지   않 는   참 된   성 공**

뛰어놀 시간에
재봉틀을 돌려야만 하는 아이들이 있다.
소아 비만이 늘고 있는 시대에
먹지 못해 크지 못하는 아이들이 있다.

성공의 기회를 놓치지 않을 당신의 날카로운 눈이
시대의 아픔도 놓치지 않았으면 좋겠다.

시대의 정점에 오르는 성공도 좋지만
시대의 아픔까지도 볼 수 있는 성공이라면
더욱 좋겠다.

"무심코 신는 신발이나 청바지 한 벌에도
개발도상국 어린이들의 슬픈 노동력이 숨어 있다."

47 그늘

**성공의 열매를 넘어
성공의 그늘을 만들라**

My friend, CREATIVITY!

"지금 이 순간만큼은 갈증해소보다는
시원한 그늘로써 소중한, 청량음료가 담긴 상자들."

기업의 설립자가 존경 받아야 하는 이유는, 맨손으로 이룬 수백억의 재산이 아니라 그가 이루어 놓은 큰 그늘 때문이다. 그 그늘 아래서 수많은 직원과 그 가족들이 뜨거운 햇빛과 비를 피해 쉴 수 있기 때문이다.

비록 그 시작은 자신을 위한, 크고 단 열매를 갖기 위한 것이었는지 몰라도, 결국 잘 자란 나무는 그늘을 만들고 다른 사람들을 쉬게 한다. 진정한 성공이란 자신을 위한 열매와 모두를 위한 그늘을 함께 만드는 것이다.

우리는 자신의 통장을 불리는 데만 혈안이 되거나, 야망을 채우기 위해 수단과 방법을 가리지 않았던 성공들이 쉽게 무너지는 것을 주변에서 흔히 볼 수 있다. 잎과 가지로 가야 할 양분마저 모두 열매에 빼앗겨 그늘을 만들지 못하는 기형적인 나무는, 계절이 바뀌면 말라 죽게 마련이다.

잘 먹고 잘 살기 위해, 자신의 꿈과 이상을 실현하기 위해 열정을 바치고 열매를 맺는 일. 성공은 그 자체만으로도 인정받을 가치가 있다.

하지만 우리가 목표해야 할 성공은 굶주린 욕망과 야망을 채우는 작은 성공이 아니라, 모두가 쉴 그늘을 만드는 아름드리 성공이어야 한다.

아름드리나무만이
비바람에도 끄떡하지 않고 세월을 견딜 수 있다.
그늘을 만드는 성공,
나누는 성공은 아무도 무너뜨릴 수 없다.

48
캐주얼

성 공 이 입 은 옷 은 캐 주 얼 이 다

어둡고 무겁게 생각하는 사람들은
모든 기회에 숨어 있는 문제를 바라본다.
밝고 가볍게 생각하는 사람들은
모든 문제에 감춰져 있는 기회를 바라본다.

'인생 뭐 있어'라며 캐주얼하게 생각하고 말하는 사람들이야말로
인생에 뭐가 있는지 아는 사람들이다.

생각이 어떤 옷을 입고 있느냐에 따라 세상은 달라진다.
캐주얼로 갈아입으면 불행도 시비조로 찾아온 행운으로 보인다.
성공한 사람이 긍정적인 것이 아니라
긍정적인 사람이 성공하는 것이다.

"폭풍우는 곧 지나가고, 고통은 순간이다."

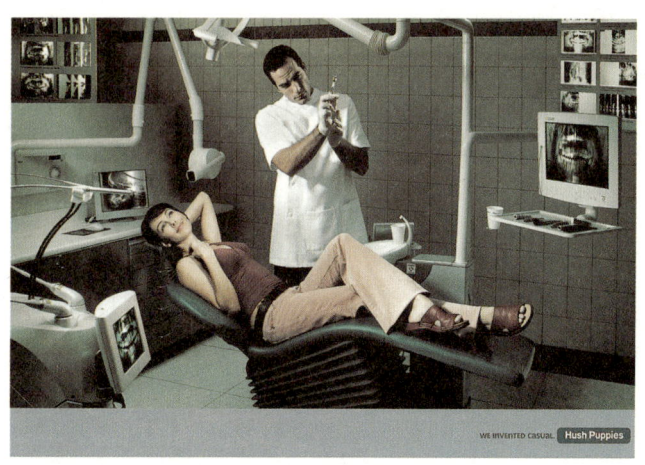

나이가 들수록 어둡고 점잖은 옷을 입어야 할 때가 많다. '현실 파악' 좀 하며 살라는 말을 듣게 되고, 어른스러워질 것을, 점잖아질 것을 요구받는다. 단순하게 생각하기보다는 복잡하게 생각하고, 쉽게 판단하기보다는 어렵게 판단하기를 강요받는다. 결국 어른이 되어 간다는 것은 점점 무겁고 어두운 세계관에 합류하게 되는 것이다.

기성세대들은 자꾸 가벼워지는 세상을 걱정한다. 하지만 심각한 걸 싫어하고 밝고 가벼운 것을 추구하는 세태는 그만큼 세상이 어둡기 때문이다. 점점 무거워지는 세상에 대한 반작용으로 가벼워지려 하는 것이다.

My friend, CREATIVITY!

요즘은 '인생은 무엇이다'라는 철학적인 지침보다 '인생 뭐 있어'라는 가벼운 말 한마디가 더욱 필요한 시대다. 이 시대의 마인드 코드는 무거운 정장이 아니라 밝고 경쾌한 캐주얼이다.

기분이 무겁게 가라앉아 우울하거나 주변 상황이 점점 힘들어지고 있을 때는, 술을 마시거나 수다를 떠는 것도 좋지만 가벼운 옷으로 갈아입고 로베르토 베니니의 역작 「인생은 아름다워」를 보자. 전쟁보다 힘든 상황이 있겠는가? 그 상황에서도 캐주얼한 생각의 옷을 입고 아들과 함께 게임을 즐기는 주인공에게서 배워라.

긍정적인 생각은 성공을 넘어서
아름다운 인생을 만든다.

49
제물

Give and Take는 진리다

"마음을 사로잡은 구두를 사기 위해 한 달 내내 콩 통조림을 먹는다. 전에 본 멋진 옷을 사기 위해 한 달 내내 외출을 삼가고 퍼즐만 맞춘다. 얻을 게 있으면 포기할 것도 생기는 법이다."

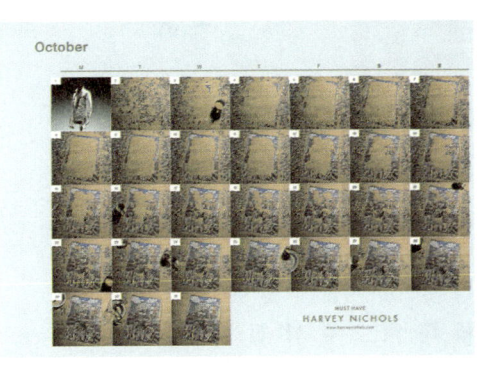

마음을 사로잡은 구두를 얻기 위해서는
한 달 동안 맛있는 식사를 제물로 바쳐야 한다.
입고 싶은 옷을 사기 위해서는
외출의 즐거움을 기꺼이 바쳐야 한다.
건강한 몸을 유지하기 위해서는
새벽의 단잠을 바쳐야 한다.
외국어를 배우기 위해서는
퇴근 후 사람들과의 흥겨운 자리를 바쳐야 한다.
공짜는 없다. 얻으려면 제물을 바쳐야 한다.
Give and Take는 진리다.

간혹 공짜로 얻는 사람들도 있지만,
그것은 그들의 것이 아니다.
그것은 소유가 아니라 잠시 빌린 것이다.
곧 반납해야 한다.

50 나눔

나 누 고 난 빈 손 엔
행 복 이 채 워 진 다

내가 누군가의 손을 잡기 위해서는
내 손이 빈손이 되어야 한다.
내 손에 너무 많은 것을 올려놓거나,
너무 많은 것을 움켜쥐지 말아야 한다.
내 손에 다른 무엇이 가득 들어 있는 한
남의 손을 잡을 수 없다.
소유의 손은 반드시 상처를 입으나,
텅 빈 손은 다른 사람의 생명을 구한다.

―정호승, 〈빈손은 사람의 생명을 구한다〉 중에서

My friend, CREATIVITY!

"같은 걸인일지라도 나누어주는 저 손은 행복하다."

"관에 구멍을 뚫어 내 두 손을 보여라."

생전에 온 세상을 움켜쥐었던 알렉산더의 유언이다. 천하를 가져도 결국 죽음 앞에선 모두가 빈손이다. "천 칸이나 되는 큰 집이라도 잠을 자는 자리는 여덟 자뿐이고, 좋은 밭이 만 이랑이나 되어도 하루에 먹는 것은 곡식 두 되뿐이다"라는 명심보감의 한 구절은 욕심의 덧없음을 말하고 있다.

어차피 빈손으로 돌아갈 삶이니 아무것도 소유하지 말자는 것이 아니다. 모두가 성자처럼 살아야 할 의무는 없다. 우리는 행복을 위해 정당한 방법으로 돈과 재물을 얻을 권리가 있다. 빈곤한 삶이 곧 불행한 삶은 아니지만 빈곤은 사람을 지치게 하고 불편하게 만든다. 삶을 위해 열심히 돈과 재물을 모으는 것은 분명 자본주의 사회에서 가치 있는 일이다. 다만 행복이 성적순이 아닌 것처럼 꼭 재물순만은 아니라는 점을 강조하고 싶다.

그러나 행복이 나눔순인 것은 틀림없다. 가진 것이 많고 적음을 떠나서, 자주 나누는 사람들은 나눌 때마다 짜릿한 행복을 느낀다고 한다. 만 원을 벌 땐 단지 만 원의 가치지만, 그것을 나눌 땐 그 가치가 이만 원, 삼만 원이 된다고 한다. 한번 그 맛을 보면 계속해서 나누고 싶어진다고 한다.

가던 길을 멈추고 손을 내미는 이에게 주머니 속 동전을 꺼내 주고 싶지만 왠지 멋쩍을 때가 있다. 마음은 있어도 혼자서 고아원이나 양로원을 찾아가기란 어려운 일이다.

나눔에도 연습이 필요하다. 작은 것부터 조금씩 나누는 연습을 해 봐야 더 큰 것도 나눌 수 있다.

각종 사회활동과 함께 매년 상당한 액수를 기부하기로 소문난 CNN의 회장 테드 터너도 처음엔 기부하는 것이 쉽지 않았다고 한다. 하지만 조금씩 기부할수록 익숙해져서 이제 나눔이 생활의 일부가 되었고 예전보다 훨씬 잘 나눌 수 있는 방법도 알게 되었다고 한다.

이 세상에 나누지 못할 만큼의 가난은 없다. 행복을 위해 양손에 더 많은 것을 움켜쥐는 것도 좋지만, 한 손쯤은 남을 위해 비울 줄도 알아야 한다. 나누고 난 빈손엔 더 큰 행복이 채워진다. 움켜진 손은 누군가에게 빼앗길 수도 있지만 빈손은 아무도 빼앗을 수 없다.

세상에서 가장 크고 따뜻한 손은 빈손이다.

삶이라는 무게로부터
가벼워지는 기술

기젤라 크레머 지음 | 이민수 옮김
4·6 특별보급판 | 188쪽 | 값 7,500원

'걱정만 하다가 바보들은 항상 시간을 도둑맞는다!'

지난달에는 무슨 걱정을 했었지?
작년에는?

그것 봐.
기억조차 못하고 있잖니.

그러니까 오늘 내가 걱정하고 있는 것도
별로 걱정할 일이 아닌 거야.

잊어버려.
내일을 향해 사는 거야.